Dietrich Baumgarten

Kompakt im Doppelpack:
HTML und JavaScript

Webdesign für Einsteiger

Kompakt im Doppelpack:
HTML und JavaScript

Webdesign für Einsteiger

Dietrich Baumgarten

Kompakt im Doppelpack: HTML und JavaScript

Webdesign für Einsteiger

B. G. Teubner Stuttgart · Leipzig · Wiesbaden

Bibliografische Information Der Deutschen Bibliothek
Die Deutsche Bibliothek verzeichnet diese Publikation in der Deutschen Nationalbibliografie;
detaillierte bibliografische Daten sind im Internet über <http://dnb.ddb.de> abrufbar.

Prof. Dr. Dietrich Baumgarten
Geboren 1949 in Weiterstadt. Studium der Mathematik von 1968 bis 1973 an der TH Darmstadt. Von 1973 bis 1978 wiss. Assistent an der Justus-Liebig-Universität Gießen, Promotion 1978. Danach wiss. Mitarbeiter an einem Forschungsinstitut. Seit 1984 Professor an der FH Darmstadt.

1. Auflage November 2002

Umschlaggestaltung: Ulrike Weigel, www.CorporateDesignGroup.de

ISBN-13: 978-3-519-00381-6   e-ISBN-13: 978-3-322-80042-3
DOI: 10.1007/978-3-322-80042-3

Vorwort

Sie blättern unschlüssig in diesem Buch herum und fragen sich, ob Sie es kaufen sollen. Tun Sie es! Sie können natürlich auch wesentlich dickere Wälzer erwerben, die aber auch nicht mehr bieten. Seit einigen Jahren halte ich an der Fachhochschule Darmstadt die Vorlesung JavaScript für Anfänger. Der Stoff lässt sich am besten über Beispiele vermitteln; diese habe ich im vorliegenden Buch gesammelt und ausführlich kommentiert. Als ich die Vorlesung erstmals übernahm, war ich erfahrener C-Programmierer und JavaScript kam mir beim flüchtigen Überfliegen wie eine Mischung aus C und Visual Basic vor, das sollte nun wirklich kein Problem werden.

Wurde es aber doch: Der Programmierer fast ohne Kenntnisse über das World Wide Web traf auf Studenten, die aushilfsweise Webseiten erstellten, aber keine Ahnung vom Programmieren hatten. Mit professioneller Routine tarnte ich mein HTML-Unwissen hinter einem schlauen Gesicht und geschickten Fragen und kam schnell zu der Überzeugung, dass HTML und JavaScript siamesische Zwillinge sind, die man am besten kompakt im Doppelpack lernt. Und so ist auch dieses Buch aufgebaut. Ich führe Sie schrittweise in beide Gebiete ein, am Ende werden Sie mit JavaScript und HTML gut vertraut sein.

Unter welchen Vorraussetzungen sollten Sie dieses Buch erwerben?

- Sie können bereits programmieren und wollen sich schnell in HTML und JavaScript kundig machen. Dann sind Sie in der Situation, wie ich vor drei Jahren. Damals wäre ich froh gewesen, ein solches Buch zu haben. Ehrlich!

- Sie kennen sich mit HTML ganz gut aus, stoßen aber immer wieder auf Grenzen, die nur durch JavaScript zu erweitern sind. Dies ist die klassische Kundschaft meiner Vorlesung, und so ist auch das Buch entstanden.

- Sie sind noch unbedarft in HTML und JavaScript, möchten aber gerne eigene Webseiten erstellen. Dann sind Sie noch nicht von schlechten Büchern verdorben und starten gleich richtig durch.

- Sie unterrichten Informatik an einem Gymnasium oder sind für entsprechende Lehrpläne zuständig und fragen sich, welche Programmiersprache eingesetzt werden soll? Ich bin überzeugt, dass HTML und JavaScript ideal für den Schulunterricht sind, da man keine teuren Programme benötigt, sondern nur einen Browser und einen Editor und die Schüler Feuer und Flamme sein werden.

Sind Sie dabei? Dann schnallen Sie sich an, wir starten durch! Sie müssen aber einige Stunden Ihrer wertvollen Zeit beisteuern, denn Programmieren lernt man nicht nur durch Lesen. Daher folgen alle Kapitel dem gleichen Schema: Ich erkläre ausführlich und vollständig typische Beispielprogramme und am Schluss kommen mehrere Aufgaben, die Sie bearbeiten müssen. Das ist die ideale Qualitätskontrolle. Für die meisten der über dreißig Aufgaben habe ich Musterlösungen entworfen. Alle Beispiele und Lösungen des Buches befinden sich auch im Internet unter:

http://www.fbmn.fh-darmstadt.de/javascript.htm

Die Quelltexte von Webseiten zeigen die gängigen Browser an, wenn Sie die rechte Maustaste drücken und im Kontextmenü den Befehl *Quelltext anzeigen* ausführen. Die Quelltexte sind reine Textdateien und lassen sich daher auf jeder Plattform leicht bearbeiten. Sie können also sofort loslegen!

Ich möchte meiner Frau Christa Baumgarten für den Ansporn danken. Für die sorgfältige Durchsicht der Rohfassung, wodurch einige Unklarheiten ausgeräumt werden konnten, möchte ich mich bei Frau Susanne Okunick bedanken. Ein herzlicher Dank geht auch an Herrn Jürgen Weiß für seine wertvollen Tipps und seine stilistischen Ratschläge.

Darmstadt, August 2002   Dietrich Baumgarten

Inhaltsverzeichnis

Inhaltsverzeichnis 9

1 Textgestaltung

HTML ist die Abkürzung von Hypertext Markup Language, ein international einheitlicher Standard, womit die Seiten des World Wide Web (WWW) erstellt werden. Es ist eine einfache Beschreibungssprache für Dokumente, die außer der üblichen Textgestaltung auch noch die Einbindung von Bildern sowie das unmittelbare Wechseln zu anderen Dokumenten ermöglicht. Die Gestaltung dieser Dokumente erfolgt durch Tags genannte Anweisungen.

HTML und das Internet

HTML ist die Abkürzung von **Hypertext Markup Language** und ist der Standard für Dokumente des **World Wide Web**, abgekürzt mit **WWW** (dabbeljudabbeljudabbeljujuchhu). HTML bietet:

- Layout-Möglichkeiten wie ein einfaches Textsystem
- Einbindung von Grafiken bestimmter Formate
- Verbindungen zu anderen Dokumenten über Verweise (engl. : Links)
- Multimediafähigkeiten

HTML ist ein Textsystem im Geist der grimmigen UNIX-Veteranen mit vielen umständlichen Formatierungsbefehlen. Warum ist HTML trotzdem ein Knüller? Die Antwort lautet:

- HTML-Texte können weltweit gelesen werden, wenn sie auf einem am Internet angeschlossenen Server bereitgestellt sind.
- HTML-Texte können auf jedes andere Dokument des World Wide Web verweisen. Dies ermöglicht das weltweite Surfen von Dokument zu Dokument.

Diese Internationalisierung hat zu mehr als 300 Millionen HTML-Dokumenten geführt, jedes wartet auf Sie und bald wünschen Sie sich Besucher für Ihre eigenen Seiten. Die Quelltexte werden im ASCII-Format erstellt und von sogenannten Browsern interpretiert und dargestellt. Sie brauchen daher nur einen beliebigen Editor, der Dateien im Textformat abspeichern kann, und einen Browser. Editoren gibt es wie Sand am Meer, während sich über 95% des Browsermarktes auf die beiden Anbieter Netscape und Microsoft verteilen. Anders als beim Surfen geht es bei der Erstellung von Seiten nicht um Ihre persönlichen Vorlieben, deshalb müssen Sie Ihre Seiten immer auf beiden Browserfamilien testen, möglichst auch auf älteren Versionen.

Grundprinzipien von HTML

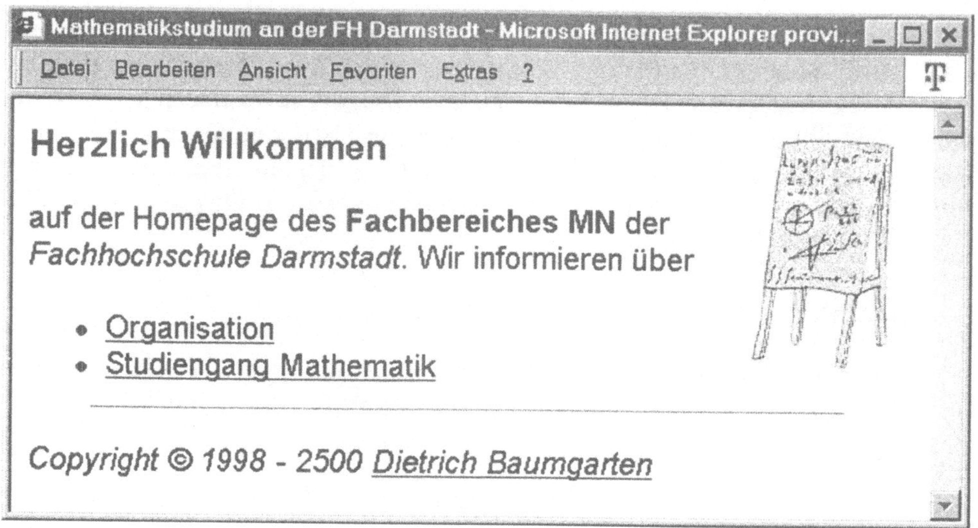

Diese Webseite wird durch den in der Datei *kapitel1/index.htm* stehenden Quellcode erzeugt:

```html
<html>
<head>

<title>Mathematikstudium an der FH Darmstadt</title>
<meta name="keywords" contents="Mathematik,FH Darmstadt">
<meta name="Author" contents="Dietrich Baumgarten">
</head>

<body>
<!-- Dies ist ein Kommentar,
     der sich über drei Zeilen erstreckt
-->
<img src="images/tafelgrauklein.gif" width="117"
   height="170"  align="right">
<font  face="Arial,Helvetica,sans-serif" size="-1">
<h3>Herzlich Willkommen </h3>
auf der Homepage des <strong>Fachbereiches MN</strong>
der <em>Fachhochschule Darmstadt</em>. Wir informieren über
<ul>
  <li><a href="http://www.fbmn.fh-darmstadt.de/
          organisation/frame.htm"> Organisation
       </a>
  </li>
  <li><a href="/mathematik/frame.htm">
        Studiengang Mathematik
       </a>
  </li>
</ul>
<p><hr width="85%">
```

```
<address>Copyright &#169; 1998 - 2500
  <a href="mailto:baumgart@fh-darmstadt.de">
    Dietrich Baumgarten
  </a>
</address>
</font>
</body>
</html>
```

Kochen sie sich eine Tasse Kaffee oder lassen Sie sich eine kochen und dann vergleichen Sie bitte den Quelltext und das Ergebnis im Browser. Sollten Sie keine Zusammenhänge entdecken, sehe ich ein wenig schwarz für Ihre Zukunft als Webdesigner.

Eine HTML-Datei enthält

- den eigentlichen Inhalt

- Steueranweisungen an den Browser, wie der Inhalt darzustellen ist.

Steueranweisungen stehen in spitzen Klammern und formatieren das Aussehen des Inhalts. Alle HTML-Dateien sind reine ASCII-Dateien und haben daher auf allen Rechnern und Betriebssystemen dasselbe Format.

Tags

Die Steueranweisungen werden **Tags** genannt. Die meisten Tags haben ein Anfangs- und ein Endtag, wobei nach dem Verschachtelungsprinzip der Mathematik die Endtags in genau umgekehrter Reihenfolge wie die Anfangstags stehen. Tags beginnen mit ihrem Namen, gefolgt von einer optionalen Liste von **Attributen**. Anstatt Attribute sagt man oft auch **Eigenschaften**. Die Endtags haben keine Attribute und sind am /(normaler Schrägstrich, kein Backslash!) zu erkennen. Die Attribute werden durch Werte bestimmt, die nach dem Gleichheitszeichen stehen. Am Beispiel

```
<img src="madonna.gif" width="117" align="right">
```

ist zu erkennen, dass es drei Arten von Werten gibt:

Texte, wie *src="madonna.gif"*

Zahlen, wie *width="117"*

Schlüsselworte, wie *align="right"*

Die Werte der Eigenschaften sollten immer zwischen Anführungsstrichen stehen, obwohl es bei Zahlen und Schlüsselwörtern nicht nötig ist.

Ich habe den Quelltext zur besseren Lesbarkeit an manchen Stellen so eingerückt, dass Anfangs- und Endtag genau übereinander stehen. Dem Browser ist das egal, aber bei der Analyse einer Datei ist dies sehr nützlich. Ich halte mich an den XHTML-Standard, alle Tags klein zu schreiben und Werte immer zwischen Anführungsstriche zu setzen.

HTML achtet nicht auf die Groß- und Kleinschreibung, statt BODY kann auch bODy oder BoDy geschrieben werden.

Die Tags sind Teil der Datei, deren Darstellung sie beschreiben. Es gibt Tags für:

- die Struktur der Datei

- Formatierung des Textes

- Verweise zu anderen Dokumenten

- Bilder

- Tabellen und Listen

Strukturtags

Webdateien haben eine schlichte Struktur. Sie beginnen mit dem Tag *<html>* und enden mit dem zugehörigen *</html>*. Danach folgen zwei voneinander abgegrenzte Bereiche, und zwar:

- der Kopf (Header)

- der Textkörper (Body)

Im Kopfteil befinden sich allgemeine Informationen, der Titel der Seite, Stylesheets und der JavaScript-Code. Der eigentliche Inhalt wird im Textkörper beschrieben. Die entsprechenden Tags der beiden Bereiche lauten *<head>* und *</head>* sowie *<body>* und *</body>*. Der Titel der Datei wird in der Titelleiste des Browserfensters aufgeführt und befindet sich zwischen den Tags *<title>* und *</title>*, die im Kopfteil stehen müssen. Der Urzustand einer HTML-Datei sieht daher so aus:

```
<html><head><title>Setze hier einen vernünftigen Titel ein</title>
<meta name="keywords" contents="Sex,Drugs and Rock'n Roll">
<meta name="author" contents="Elvis">
</head>

<body>
Hier folgt der Inhalt
</body></html>
```

Der Header

Im Vergleich zum Textkörper erscheint er so unwichtig, dass viele Anfänger ihn ganz weglassen. Aber das ist ein großer Fehler. Die meisten Webseiten werden über Suchmaschinen wie Google oder Altavista angesteuert und diese saugen ihre Informationen auch aus dem Kopfteil. Ganz besonders wichtig ist dabei der Titel, da dieser in den Suchergebnissen erscheint. Nennen Sie ihre Seite daher bitte nicht „*meine Homepage*", sondern richten Sie den Titel nach der gewünschten Zielgruppe aus.

Mit dem Tag *<meta>* können weitere Informationen für die Suchmaschinen bereitgestellt werden. Der Header kann beliebig viele *<meta>*-Tags haben. Die beiden wichtigsten Attribute sind *name* und *contents*. Das Tag mit dem Namen *keywords* erhält als Wert der Eigenschaft *contents* eine durch Kommas getrennte Liste der Schlüsselworte des Seiteninhalts. Hier dürfen Sie natürlich nicht flunkern. Das obige Beispiel zeigt einige der am meisten gesuchten Begriffe des Webs und führt zu vielen Hits bei den entsprechenden Suchergebnissen, aber was nutzt das, wenn der Seiteninhalt die Satzung der Fleischerinnnung von Wanne-Eickel darstellt.

Sonderzeichen in HTML

Sonderzeichen der europäischen Sprachen, Währungssymbole und mathematische Symbole werden entweder als **named entity** oder durch **Unicode** dargestellt. Im ersten Fall wird das Sonderzeichen durch eine sinnvolle Abkürzung beschrieben, die vom normalen Text durch ein anfängliches & und ein abschließendes Semikolon abgehoben wird, etwa *ä* für ä oder *€* für das Eurowährungssymbol €. HTML ignoriert mehr als ein Leerzeichen, daher müssen mehrere Leerzeichen durch das Sonderzeichen * * erzwungen werden.

Wesentlich vielseitiger ist die Codierung von Sonderzeichen durch Unicode, der zur Verschlüsselung zwei Byte vorsieht und daher Platz für $2^{16} = 65536$ Zeichen bietet. Das reicht für alle europäischen und asiatischen Sprachen. Jedes Zeichen hat eine Nummer, das Zeichen © z.b. die 169. Die Nummer wird von den Zeichen &# und dem Semikolon ; eingeschlossen, etwa © für © oder § für §.

In der folgenden Tabelle sind die wichtigsten Sonderzeichen vereint:

Zeichen	entity	Unicode	Zeichen	entity	Unicode
ä	ä	ä	Ä	Ä	Ä
ö	ö	ö	Ö	Ö	Ö
ü	ü	ü	Ü	Ü	Ü
ß	ß	ß	(Leerzeichen)		
"	"	"	&	&	&
<	<	<	>	>	>
≤	≤	≤	≥	≥	≥
∑	∑	∑	∫	∫	∫
≈	≈	≈	≠	≠	≠
∞	∞	∞	√	√	√
€	€	€	¢	¢	¢
©	©	©	®	®	®
™	™	™	§	§	§

Zeilenumbruch

HTML-Dateien sind reine Textdateien, die vom Browser nach Art der Tags darge-stellt werden. Der Browser ignoriert die Formatierung der Quelldatei, insbesondere alle Zeilenumbrüche, Absätze und Tabulatoren sowie mehr als ein Leerzeichen. Zum Glück gibt es aber für diese Gestaltungsmerkmale entsprechende Tags. Der Zeilen-umbruch wird durch das Tag *
* herbeigeführt.

Ich zeige dies an der Datei */kapitel1/gedicht.htm*:

```
<html>
<head>
<title>Hier spricht der Dichter</title>
</head>

<body>
Als Ausnahmen merk dir genau:
der Milchmann, doch die Eierfrau
                        VOLKSMUND
<hr>
Als Ausnahmen merk dir genau:<br><i>der</i> Milchmann, doch
<i>die</i> Eierfrau<br>
<!-- Einrückung durch Leerzeichen: -->
       
          
          
<big>V</big><small>OLKSMUND</small>
</body>
</html>
```

Das zeigt der Internet Explorer so an:

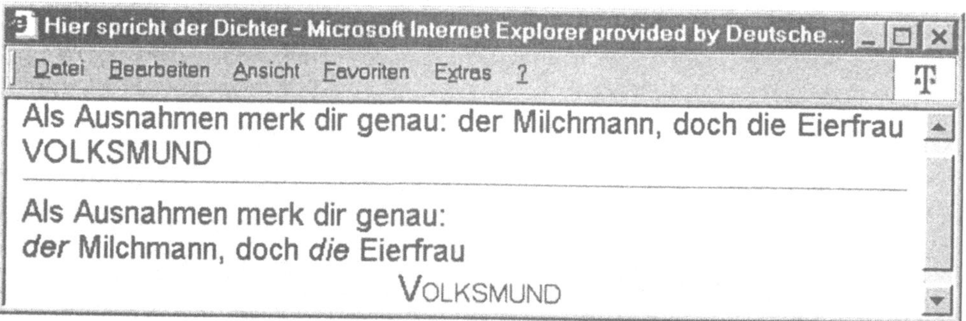

Das in der Quelldatei sorgfältig gesetzte Gedicht von Robert Gernhardt, erscheint im Browser in einer einzigen Zeile, da der Browser über Zeilenumbrüche und mehr als ein Leerzeichen hinweg geht. In HTML wird der Zeilenumbruch (englisch: break) durch das Tag *
* erzwungen, danach kann der Quelltext in derselben Zeile fort-gesetzt werden. Es ist sogar erlaubt, den ganzen Quelltext in einer einzigen Zeile zu schreiben, da der Browser seine Formatierungen ausschließlich aus den Tags bezieht. Die Einrückung wird mit erzwungenen Leerzeichen ( ) vollbracht. Ein Quer-strich trennt die beiden Darstellungen des Gedichts, er rührt von dem Tag *
* her.

Darauf werde ich noch kommen. Zunächst aber möchte ich erklären, wieso die Artikel *der* und *die* kursiv sind und wie das vergrößerte *V* vor dem verkleinerten *OLKSMUND* zustande kommt.

Kommentare

Kommentare werden vom Browser nicht beachtet, dienen aber dem Bearbeiter zum Verständnis. Wir müssen zwischen HTML- und JavaScript-Kommentaren unterscheiden. In HTML wird ein Kommentar mit dem Tag <!-- eingeleitet und mit --> beendet. Der Text dazwischen darf sich über mehrere Zeilen erstrecken und wird vom Browser ignoriert.

Darstellende Tags

Der Textfluss eines Absatzes wird durch eine Gruppe von Tags formatiert, deren Anfangs- und Endtag keine weiteren Tags mehr enthalten. Diese Tags formatieren eine zusammenhängende Folge von Worten. Dabei wird zwischen logischen und darstellenden Tags unterschieden. Logische Tags richten sich nach dem Sinn des Inhalts und überlassen die Darstellung dem Browser. Die darstellenden Tags legen das Aussehen dagegen genau fest. Sie befinden sich in der folgenden Tabelle:

Name	Beschreibung	Beispiel
<i>	kursiv	<i>Text</i>
<b>	fett	<b>Text</b>
<u>	unterstrichen	<u>Text</u>
<strike>	durchgestrichen	<strike>Text</strike>
<big>	vergrößerte Schrift	<big>Text</big>
<small>	verkleinerte Schrift	<small>Text</small>
<sup>	hochgestellte, leicht verkleinerte Schrift	^{Text}
<sub>	tiefgestellte, leicht verkleinerte Schrift	_{Text}
<tt>	nichtproportionale Schriftart	<tt>Text</tt>

Die Tags <i>, <big> und <small> befinden sich in der Gedichtdatei. Zur Manipulation der Schriftgröße kommen wir jetzt.

Schriftgröße

Die Browser wählen den Schrifttyp und die Größe der Buchstaben nach bestimmten Regeln. Sowohl der Navigator von Netscape als auch der Internet Explorer verwenden als Standard den Schrifttyp Times. Die Schriftgröße wird nicht direkt in Punkten angegeben, sondern in sieben Stufen eingeteilt. Der normale Text hat dabei die Stufe 3. Die Schriftgröße kann mit den Tags <big> bzw. <small> um jeweils eine Stufe vergrößert bzw. verkleinert werden. Dabei dürfen diese Tags sogar mehrfach stehen, etwa *<big><big> erscheint in Größe 5</big></big>*.

Die Datei *kapitel1 / darstellend.htm* enthält viele der obigen Tags:

```
<html>
<head>
<title>Darstellende Tags</title>
<meta name="keywords" contents="Kein Sex,nur 3,2,5">
<meta name="Author" contents="Dietrich Baumgarten">
</head>

<body>
Normalgr&ouml;&szlig;e(3), <small>Gr&ouml;&szlig;e 2</small>,
<big><big> Gr&ouml;&szlig;e 5</big></big>
<br>Normal, <i>schr&auml;g</i>, <b>fett</b>, <u>unterstrichen</u>,
<strike>durchgestrichen</strike><br>
tief und hoch: x<sub>i</sub> = y<sup>2</sup><br>
<tt>mmmmmm<br>iiiiii</tt>
</body>
</html>
```

Das Tag *<tt>* führt zu einer nichtproportionalen Schriftart, bei der alle Buchstaben dieselbe Breite haben, das zierliche *i* macht sich breit wie das stattliche *m*. Beachten Sie bitte die Codierung der deutschen Sonderzeichen, etwa *ä* für ä und *ß* für ß, aber sehen Sie selbst:

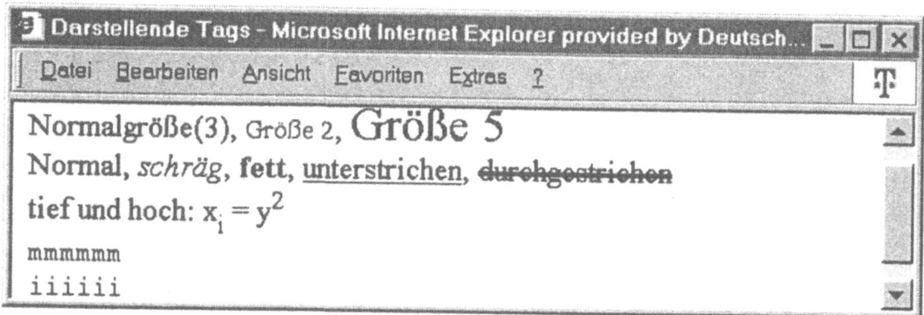

Logische Tags

Puristen verachten die darstellenden Tags und verwenden dafür logische, inhaltsbezogene Tags. Im Browser ist kein Unterschied zu erkennen, denn die logischen Tags führen oft zu kursiver oder fetter Formatierung bzw. zu einer nichtproportionalen Schrift. Trotzdem haben die inhaltsbezogenen Tags ihre Berechtigung. Mit den noch zu besprechenden Style Sheets ist es möglich, die logischen Tags selbst zu formatieren, z.B. könnte das Tag *<strong>* zu einem Farbwechsel führen. Inhaltsbezogene Tags sind aber besonders im Hinblick darauf sinnvoll, dass HTML-Seiten nicht nur in Browsern, sondern auch im Handydisplay oder in einem für Blinde geeigneten Lesegerät dargestellt werden. Die wichtigsten logischen Tags habe ich in folgender Tabelle zusammengefasst:

Name	Beschreibung	Beispiel
<em>	betont	*<em>Text</em>*
<strong>	stark betont	*<strong>Text</strong>*
<code>	Computercode	*<code>Text</code>*
<var>	Eine Variable in Computercode	*<var>Text</var>*
<dfn>	Eine Definition	*<dfn>Text</dfn>*
<cite>	Zitatquelle	*<cite>Text</cite>*
<kbd>	Tastatureingabe	*<kbd>Text</kbd>*
<samp>	Ausnahme im Text	*<samp>Text</samp>*

Die Datei *kapitel1 / logisch.htm* enthält viele der obigen Tags:

```
<html>
<head>
<title>Logische Tags</title>
</head>

<body>
Zum Laden geben Sie bitte <kbd>Exec Vcpp</kbd> ein!<br>
Variablennamen d&uuml;rfen kein <samp>&szlig;</samp>
enthalten.<br> Eine <dfn>Funktion</dfn> beginnt mit dem Begriff
<code>function</code>.<br>
<em>HTML</em> ist <strong>kinderleicht</strong>!
<cite>[c't 2/97, Seite 12]</cite>
</body>
</html>
```

An der Darstellung im Browser ist zu erkennen, dass die Tags *<em>*, *<cite>* und *<dfn>* kursiv bewirken und das Tag *<strong>* fett. Bei den anderen Tags wird die Schriftgröße verkleinert und eine nichtproportionale Schriftart verwendet. Bei dieser Schriftart haben alle Buchstaben dieselbe Breite, sowohl das kräftige *m* als auch das schmale *i*.

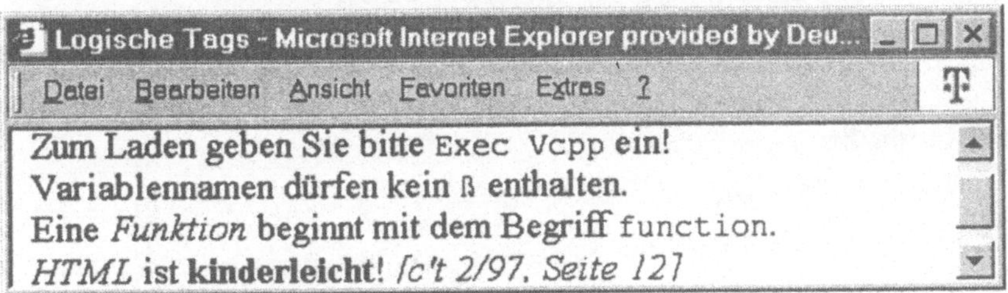

Absätze und Ausrichtung

Die darstellenden und logischen Tags formatieren den Textfluss innerhalb eines Absatzes, und zwar meist nur ein einziges Wort. Insbesondere stehen zwischen Anfangs- und Endtag bei diesen Tags keine weiteren Tags. Ich bezeichne diese Gruppe von Tags als *innere* Tags.

Tags für Absätze und Abschnitte nenne ich dagegen *äußere* Tags. Sie bewirken einen Zeilenumbruch und ziehen oft eine besondere Formatierung für den ganzen Absatz nach sich. Gewöhnliche Absätze werden mit dem Tag <p> eingeleitet und müssten streng genommen mit dem Endtag </p> beendet werden. Die meisten Autoren sind nicht so gewissenhaft und lassen das Endtag </p> weg. Der Browser sieht gutmütig über diesen Ausrutscher hinweg und interpretiert das nächste <p>-Tag als Abschluss des vorhergehenden und Beginn des neuen Absatzes. Ohne Attribute ist das Tag <p> fast identisch mit dem Tag <br>, nur der Zeilenabstand ist etwas größer. Mit Hilfe des Attributs *align* kann das Absatztag <p> die Aurichtung der Zeilen beeinflussen. Die Werte des Attributs sind *left*, *right* und *center* und bewirken links- bzw. rechtsbündige sowie zentrierte Ausrichtung. Wird das Attribut *align* nicht gesetzt, wird die Ausrichtung linksbündig.

Die Datei */kapitel1/absatz.htm* zeigt wie es geht:

```
<html><head><title>Absatztag</title></head>

<body bgcolor="silver">
<font face="arial" size="-1" color="#0f0f0f">
<hr>
<p>Linksb&uuml;ndig ist Standard!
<hr align="left"  width="125">
<p align="center">Mittig!
<hr noshade  width="55">
<p align="right">Rechtsb&uuml;ndig!<br>
Immer noch rechtsb&uuml;ndig!
<hr align="right" size="2%" width="45%">
Wieder linksb&uuml;ndig!!
<hr>
</font>
</body>
</html>
```

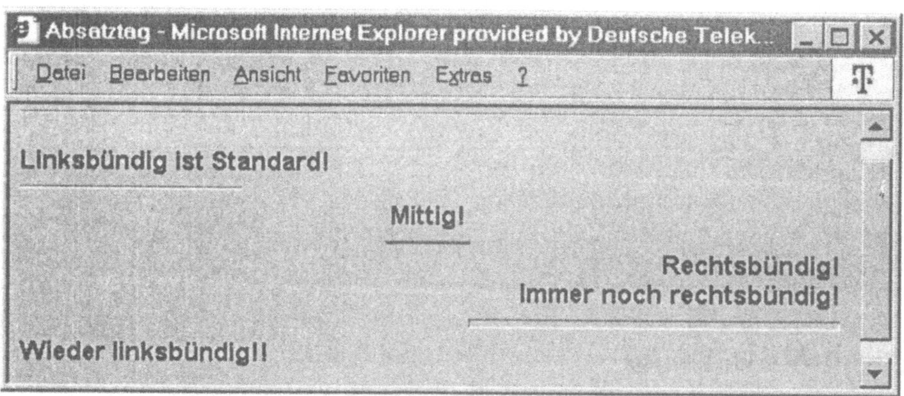

Die zwei mittleren Absätze wurden mit <p align="<center"> bzw. <p align="<right"> ausgerichtet, der obere kommt ohne *align="left"* aus, da dies die Standardeinstellung ist. In dem rechtsbündigen Absatz habe ich einen gewöhnlichen Zeilenumbruch mit <br> untergebracht.

Die rechtsbündige Ausrichtung bleibt nach <br> erhalten. Nach dem Querstrich <hr> wechselt aber die Ausrichtung zurück zum linksbündigen Standard!

Ich habe in die kleine Datei noch drei weitere Neuigkeiten einfließen lassen. Der *Hintergrund* ist silbrig, damit die *Querstriche* plastisch hervortreten und der *Schrifttyp* ist Arial. Verdammt viel Stoff, kommen wir also rasch zum Thema der Querstriche.

Querstriche

Querstriche dienen der optischen Strukturierung von Webseiten.

Querstrich heißt auf englisch *horizontal rule*, das entsprechende Tag ist <hr>. Ohne weitere Attribute nimmt es die gesamte Breite des Browserfensters ein und hat eine Dicke von 2 bis 3 Pixel. Auf grauem Hintergrund treten die Querlinien plastisch hervor. Die obere und untere Querlinie wurde ohne Attribute erstellt. Beide Linien erscheinen in den Hintergrund eingeritzt. Dies lässt sich mit dem Attribut *noshade* unterdrücken. Dieses Attribut hat keinen Wert, da sein Name schon alles sagt. Ich habe dieses Attribut bei der Querlinie im zentrierten Absatz eingesetzt.

Beachten Sie bitte, dass nach jedem <hr> die Ausrichtung der Zeilen wieder linksbündig wird.

Dies ist gut an dem vorhergehenden Beispiel zu sehen, wo nach dem vorletzten Querstrich die Ausrichtung von rechts- nach linksbündig wechselt.

Die Ausrichtung eines Querstrichs lässt sich über das Attribut *align* genau wie beim Absatztag <p> gezeigt beeinflussen. Während aber beim Absatztag der Standardwert *left* ist, sind Querlinien standardmäßig mittig ausgerichtet. Allerdings zeigt das Attribut *align* nur in Verbindung mit dem Attribut *width* seine Wirkung. Der Wert von *width* ist eine Zahl oder eine Zahl gefolgt vom Prozentzeichen. Zur Erklärung muss ich länger ausholen und schiebe den folgenden Absatz ein:

Attribute mit Zahlenwerten

Neben dem Attribut *width* hat auch das Attribut *size* als Wert eine Zahl, eventuell gefolgt vom Prozentzeichen. Es gibt viele derartige Attribute. Ist der Wert eine reine Zahl, etwa *size="4"*, so erfolgt die Angabe in Pixel. Der vom Tag <hr size="4"

width="400"> erzeugte Querstrich ist somit vier Pixel dick, 400 Pixel breit und mittig ausgerichtet.

Folgt der Zahl dagegen noch ein Prozentzeichen, bezieht sich der Zahlenwert auf das Browserfenster, und zwar je nach Attribut auf die Breite bzw. Höhe des Inhaltsfensters. Der vom Tag *<hr size="4" width="40%" align="left">* erzeugte Querstrich ist somit vier Pixel dick und nimmt 40% der Breite des Inhaltsfensters ein. Jede Veränderung der Größe des Fensters zieht automatisch eine Veränderung der Breite der Querlinie nach sich.

Farben

Sehr viele Attribute haben Farbwerte, etwa das bgcolor-Attribut von *<body>* oder das color-Attribut von *<font>*. Theoretisch gibt es über 16 Millionen verschiedene Farben. Jeder Farbton wird als Mischung der Grundfarben rot, grün und blau erzeugt, wobei es von jeder Basisfarbe 256 Töne gibt. Der maximale Anteil von rot hat die Zahl 255, ganz ohne rot erscheint die Farbe beim Wert 0. Die Zahlen von 0 bis 255 werden durch zwei hexadezimale Ziffern ausgedrückt. Jedem Farbton ist damit ein Sechserpack von hexadezimalen Ziffern zugeordnet, wobei die Raute # vorangestellt wird. Da nur wenige Menschen ohne Schwierigkeiten hexadezimale Ziffernfolgen auswendig lernen können, gibt es für die wichtigsten Farbtöne englische Abkürzungen.

Es gibt immer noch Grafikkarten, die nur 256 Farben darstellen können. Nicht vorhandene Farben werden dann entweder durch die ähnlichste reine Farbe ersetzt oder gedithert, d.h. pixelmäßig angenähert, was oft abscheulich aussieht.

Wählt man von jedem Grundton einen der folgenden sechs Werte aus:

```
00, 33, 66, 99, cc, ff,
```

so kann man sicher sein, dass die Farbe richtig dargestellt wird. So ergibt etwa #003399 ein dunkles Blau. Insgesamt ergeben sich 6*6*6, also 216 reine Farben, das sollte für die meisten Anwendungen ausreichen. Die wichtigsten reinen Farben sind :

Farbe	hexadezimal	Bezeichnung
weiß	#ffffff	white
schwarz	#000000	black
rot	#ff0000	red
grün	#00ff00	green
blau	#0000ff	blue

Das Tag *<font>*

Die Browser wählen für die Textgestaltung meist *Times New Roman* als proportionale und *Courier* als nichtproportionale Standardschrift. Die meisten Webdesigner möchten ihre Schriftart selbst wählen. Moderne Browser kommen dem entgegen und beherrschen von *Algerian* bis *Wingdings* alle gängigen Schriftarten. Besonders beliebt sind derzeit seriflose Schriftarten wie **Arial, Tahoma** und **Verdana**. Serife sind die Häkchen an den Buchstaben, die das Lesen erleichtern sollen und deshalb im Buchsatz verwendet werden. Seriflose Schriftarten bilden die Familie *sans serif*, die proportionalen Häkchenschriftarten fasst man als *serif* zusammen. Die Schriftart wird durch das Attribut *face* des Tags *<font>* ausgewählt. Man schreibt einfach eine durch Kommas getrennte Liste der Schriftarten

```
<font face="verdana,tahoma,arial,sans serif">
```

Der Browser wählt davon die erste Schriftart aus, die er beherrscht. Kennt er etwa *Verdana* und *Tahoma* nicht, verfügt aber über *Arial*, wird der nachfolgende Text damit dargestellt. Nach den spezifischen Schriftarten folgt meist eine allgemeine wie hier *sans serif*. Diese Schriftarten haben keine Häkchen, im Gegensatz zur Familie *serif*. Die dritte Familie ist *monospace* für die nichtproportionalen Schriftarten.

Die Größe der Buchstaben kann nicht direkt in Einheiten wie Punkt oder Pixel festgelegt werden. Wie schon erwähnt, gibt es sieben relative Größen, wobei 3 der Standard ist. Durch das Attribut *size* lässt sich auf zwei Weisen ein neue Größe angeben, entweder direkt, d.h. *size="2"*, oder relativ in der Form *size="-1"* und *size="+2"*. Die indirekte Angabe bezieht sich immer auf die Standardgröße 3. Somit sind die beiden obigen indirekten Angaben mit den folgenden direkten Angaben identisch: *size="2"* und *size="5"*, denn 3 um eins verkleinert ergibt 2 und 3 plus 2 wird 5.

Das dritte Attribut von *<font>* regelt die Farbauswahl. Dieses Attribut heißt *color*, die Werte werden gesetzt wie im Abschnitt Farbauswahl beschrieben.

Das Tag *<font>* gehört zu den äußeren Tags, d.h., es kann viele andere Tags überlagern. Seine Setzungen bleiben bis zum Abschlußtag *</font>* gültig. Ich habe in der Datei *absatz.htm* des Abschnitts *Absätze und Ausrichtung* im gesamten Text *Arial* verwendet. Das entsprechende Tag lautet

```
<font face="arial" size="-1" color="#0f0f0f">
```

Die Schriftgröße ist 2 und die Farbe der Buchstaben ein leicht aufgehelltes Schwarz. Da das Tag *</font>* erst unmittelbar vor dem Abschlusstag *</body>* steht, bleibt die Setzung bis zum Schluss gültig.

Manche Tags wie *<a>* oder *<table>* setzen Farben selbst und kümmern sich deshalb nicht um die Farbe, die im Tag *<font>* gesetzt ist.

Adressen

Gute Webseiten schließen mit Angaben der Erreichbarkeit, sei es Telefon, E-Mail oder die Wohnadresse. Diese Angaben sollen sich vom übrigen Text abheben und

erscheinen daher in einem speziellen Absatzformat. Das Tag lautet entsprechend
<address>. Zwischen Anfang und Ende können alle inneren Tags wie <i> oder <b>
stehen. In der Homepage *index.htm* des Abschnitts *Grundprinzipien von HTML* befindet sich der folgende Teil

```
<p><hr width="85%">
<address>Copyright &#169; 1998 - 2500
  <a href="mailto:baumgart@fh-darmstadt.de">D. Baumgarten</a>
</address>
```

Das Unicodezeichen © ist das internationale Copyrightzeichen. Das Tag <a>
werde ich noch besprechen. Es bewirkt hier einen Verweis auf meine E-Mail.

Zitate

Längere Zitate werden ebenfalls in einem speziellen Absatz untergebracht. Das Zitat
erscheint dann meist eingerückt und abgehoben vom übrigen Text. Das Tag lautet
<blockquote> und darf nicht mit dem Tag <cite> verwechselt werden. Letzteres ist ein
inneres Tag und wird verwendet, um die Quelle eines Zitats anzugeben, während das
Absatztag <blockquote> das Zitat selbst enthält, etwa

```
Nur nicht verzweifeln rät der Volksmund, denn
<blockquote> Was <b>lange</b> w&auml;hrt, wird endlich gut <ci-
te>Volksmund</cite><blockquote>
```

Das Zitat erscheint eingerückt, die Zitatquelle kursiv.

Überschriften

Für Überschriften gibt es sechs Variationen, von <h1> bis <h6>. Die Schriftgrößen
nehmen von oben nach unten ab, so dass für <h1> die größte und für <h6> die
kleinste Schriftgröße gewählt wird. Bei <h4> stimmt die Schriftgröße mit der normalen überein. Diese Tags sind Absatztags und benötigen unbedingt das entsprechende
Endtag. Dazwischen sind alle inneren Tags erlaubt, aber selten sinnvoll, sieht man
von Bildern ab.

Eigenformatierung

Die Formatierung erfolgt in HTML ausschließlich durch Tags wie <p> oder <br>.
Einrückungen (mehr als ein Leerzeichen) und Zeilenumbrüche werden ignoriert, es
sei denn, man schreibt den so selbst formatierten Text innerhalb der Tags <pre> und
</pre>. Dann übernimmt HTML die Eigenformatierung. Dies wird häufig eingesetzt, wenn der Quellcode einer Programmiersprache, wo viele Einrückungen vorkommen, dargestellt wird. Der Browser verwendet nach <pre> eine nichtproportionale Schrift. Die folgende Datei illustriert die Tags <h2>, <h6> und <pre>. Die spitzen Klammern werden in HTML durch die Sonderzeichen < sowie > dargestellt.

Auf keinen Fall direkt, da sie sonst als Anfang oder Ende eines Tags missdeutet würden.

Datei *kapitel1/pretest.htm*

```
<html><head><title>Pre-Beispiel</title></head>
<body>
<h2>So wirken &lt;h2&gt;, &lt;h6&gt; und &lt;pre&gt;</h2>
<pre>
double fakultaet(int <var>n</var>)
{
    double <var>f</var> = 1;
    // usw
    return <var>f</var>;
}
</pre>

<blockquote>C ist die am besten durchdachte
Programmiersprache aller Zeiten <cite>[Kernigham, S.
45]</cite></blockquote>
<h6>So isses, und so bleibtes<h6>
</body></html>
```

Die Überschrift *<h6>* wirkt sehr klein, ist aber fett gesetzt. Die meisten Designer verwenden *<h2>* als Hauptüberschrift. Der Zeilenumbruch und die Leerzeichen des Quelltextes werden nur respektiert, wenn sie innerhalb der Tags *<pre>* und *</pre>* erfolgen. Die Zeilenumbrüche des restlichen Teils haben keine Auswirkung auf die Darstellung im Browser. Beachten Sie bitte auch die Einrückung des Zitats und die kursiv gesetzte Zitatquelle.

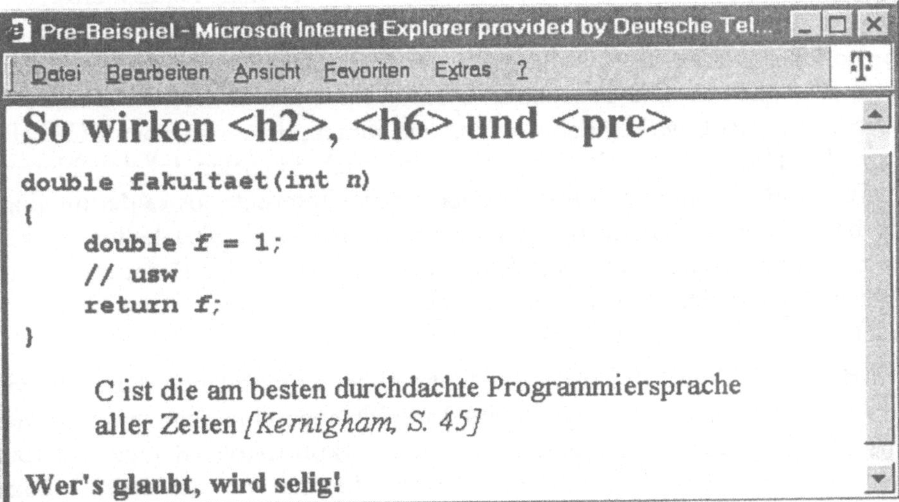

Nach so vielen Formatierungstags komme ich zu der Erweiterung, die HTML gegenüber reinen Textverarbeitungssystemen bietet: den Verweisen und Bildern.

2 Protokolle, Verweise und Bilder

Verweise und Bilder sind die Stilmittel, die eine Webseite erst unverwechselbar machen. Auch sie werden über Tags definiert. Das Laden von weltweit verstreuten Dokumenten wird ermöglicht durch eine einheitliche Art der Adressierung. Technisch basiert das Internet auf einem weitverzweigten Netzwerk von Kabeln und Funkstrecken. Dieses globale Netz wird durch spezialisierte Programme, sogenannte Protokolle, gesteuert. Dabei wird unterschieden zwischen den Netzwerkprotokollen, die für die physikalische Übertragung sorgen, und den Dienstprotokollen, die für die einzelnen Anwendungen des Internets zuständig sind.

Internet-Protokolle und IP-Nummern

Das Internet besteht physikalisch aus einem Netzwerk der Hauptrechner der Provider. Diese sind über Kabel oder Funk miteinander verbunden. Dieses Netz heißt Rückgrat oder Backbone des Internets. Das Internet ist einer Straßenkarte vergleichbar, wobei den Städten die Hauptrechner und den Straßen die Leitungen entsprechen. Wie im Straßenverkehr ist der kürzeste Weg zwischen zwei Rechnern nicht unbedingt der schnellste Weg. Für die Übertragung von Daten sind spezialisierte Programme zuständig, die sogenannten **Protokolle**. Die Anfänge des Internets entstanden ab Anfang der siebziger Jahre aus der Vernetzung militärischer und wissenschaftlicher Einrichtungen in den USA.

Im Internet teilen sich verschiedene Protokolle die Arbeit. An der Spitze der Hierarchie stehen die Dienstprotokolle, die Anwendungen wie E-Mail, Dateiübertragung oder das World Wide Web ermöglichen. Die Arbeitsbienen des Internets sind die Netzwerkprotokolle, welche die Übertragung der Datenpakete über die Leitungen des Internets ermöglichen. Die Protokolle **TCP** (**T**ransmission **C**ontrol **P**rotocol) und **IP** (**I**nternet **P**rotocol) wirken dabei so eng zusammen, dass man vom **TCP/IP**-Protokoll spricht. Diese Protokollverbindung wird auch in vielen lokalen Netzen verwendet. TCP und IP stammen aus der Militärzeit des Internets, als es darum ging, Netze auch bei teilweiser Zerstörung von Leitungen arbeitsfähig zu halten. Daher werden die zu übertragenden Daten in kleine Pakete zerlegt. Jedes Paket sucht sein Ziel auf eigenen Wegen. Am Ziel werden die Pakete wieder zum ursprünglichen Objekt gebündelt.

Die Kommissköpfe TCP und IP kennen die heute üblichen mondänen Adressen wie *www.spiegel.de* natürlich nicht. Doch jeder am Internet angeschlossene Rechner hat seine eigene **IP-Nummer**, womit er für das Netzwerkprotokoll IP identifizierbar wird. Diese Nummer ist eine 32 Bit lange Binärzahl, die man mit vier durch Punkte getrennte Zahlen zwischen 0 und 255 angibt, etwa 123.111.7.244.

Die IP-Nummern werden von einer nicht kommerziellen Behörde vergeben, der **NIC**(Network Information Center). Die Vergabe erfolgt nicht einzeln, sondern im

Verbund eines Netzes. Die Netze sind je nach Zahl der angeschlossenen Rechner in die drei Klassen A, B und C eingeteilt.

Netze der Klasse A umfassen 2^{32}, also mehr als 16 Millionen Rechner. Von dieser Sorte gibt es weltweit nur 126 Stück und davon sind fast alle schon vergeben.

Netze der Klasse B umfassen 2^{16}, also mehr als 65000 Rechner. Von dieser Sorte gibt es weltweit 16000 Stück und auch davon sind die meisten schon vergeben.

Netze der Klasse C umfassen 2^8, also nur 256 Rechner. Von dieser Sorte gibt es weltweit zwei Millionen.

Die IP-Nummer 127.0.0.1 ist für den lokalen Rechner reserviert, damit geht dem Internet ein Netz der Klasse A mit 65000 Rechnern verloren. Die IP-Nummern, die mit 192 beginnen, sind vorgesehen für lokale Netzwerke, die das Internetprotokoll verwenden.

Domänen

Das Talent, 32 Bit lange Binärzahlen im Gedächtnis zu behalten, ist weder hoch bezahlt noch weit verbreitet. Daher haben die am Internet angeschlossenen Rechner neben ihrer IP-Nummer einen weiteren Namen. Diese Namen sind nach **Domänen** geordnet.

Domänen sind hierarchisch aufgebaut. Die oberste Ebene bilden Domänen für Länder wie Deutschland (*de*), Frankreich (*fr*) oder Irland (*ie*). Neben der länderspezifischen Einteilung gibt es noch die nach Tätigkeiten gegliederte. Diese gilt aber nur für die USA: Unternehmen haben die Endung *com*, nicht kommerzielle Organisationen *org*, die Regierung *gov*, das Militär *mil*. Die Schulen und Hochschulen teilen sich *edu*.

Die oberste Ebene wird Top Level Domain genannt. Sie befindet sich ganz rechts im Namen.

Danach kommt, durch einen Punkt getrennt, der Bezeichner für das Netzwerk, dem der Rechner angehört. Die Fachhochschule Darmstadt hat den Namen *fh-darmstadt*, der Spiegel *spiegel* und die Bunte *bunte*. Der Server des Fachbereichs Mathematik und Naturwissenschaften gehört zum Netzwerk *fh-darmstadt* und hat den Namen *fbmn*, daher ist seine vollständige Webadresse *www.fbmn.fh-darmstadt.de*.

Die Domänennamen müssen in Deutschland bei der **DeNIC** angemeldet werden, wobei De für deutsch steht. Hier werden die Domänennamen registriert und zusammen mit den IP-Nummern gespeichert. Spezielle Server, die sogenannten **Domain-Name-Server** (DNS), speichern diese Zuordnung. Mit Hilfe der DNS kann dann das TCP/IP-Protokoll die IP-Nummern der Domänennamen ermitteln. Wenn man die IP-Nummer eines Servers kennt, kann man diese im Adressfeld des Browsers anstelle des Domänennamens verwenden.

Dienstprotokolle und Adressen

Die Netzwerkprotokolle übertragen die Datenpakete zuverlässig über die Leitungen
des Internets, die Interpretation der Objekte übernehmen Dienstprotokolle, die den
Diensten des Internets entsprechen. Der jüngste Dienst, das World Wide Web, ist
der erfolgreichste, aber auch E-Mail, Dateitransfer und Newsgruppen sind weit verbreitet.

Das Übertragungsprotokoll des WWW heißt **http**, die Abkürzung von **hypertext
transfer protocol**. Entsprechend haben alle Dateien des WWW auf der globalen
Festplatte eine Adresse der folgenden Form

```
http://servername/pfad/dateiname.erweiterung
```

Der Server kann entweder mit seiner IP-Nummer oder seinem Domänennamen angegeben werden. Die Dateierweiterung ist meistens **htm** oder **html**, aber auch **cgi**
und **asp**. Meine Homepage finden Sie unter

```
http://www.fbmn.fh-darmstadt.de/home/baumgarten/index.html
```

**Schauen Sie bitte genau hin: der Schrägstrich ist rechts schräg und nicht wie
bei DOS und Windows üblich links schräg. Das gilt auch dann, wenn der Server unter Windows NT/2000 läuft.**

Neben dem http-Protokoll gibt es noch viele andere Dienstprotokolle, etwa das Protokoll **file://**, womit Dateien des eigenen Rechners in den Browser geladen werden.
Dieses Protokoll verwendet man bei der Erstellung von Webseiten, weil man dabei
nicht ans Netz angeschlossen sein muss. Steht etwa der Quelltext der Datei *bei-
spiel1.htm* im lokalen Rechner im Verzeichnis *c:\html\kapitel1*, so lädt der Browser
diese Datei durch

```
file://c:/html/kapitel1/beispiel1.htm.
```

**Im Hauptmenü Datei befindet sich bei allen Browsern ein Befehl zum Laden
von lokalen Dateien, wobei dann automatisch das richtige Protokoll ausgewählt wird.**

Neben den bereits erwähnten Protokollen *http://* und *file://* spielen noch folgende
Übertragungsprotokolle eine Rolle im Internet:

- **ftp://** Dieses Protokoll verweist auf Server, von denen Dateien bezogen werden
  können, ein Vorgang der **downloaden** heißt. Das Protokoll steht daher für **file
  transfer protocol**. Moderne Browser haben dieses Protokoll installiert.

- **telnet://** Mit diesem Protokoll kann man den eigenen Rechner als Terminal für
  die Benutzung fremder Rechner verwenden, sofern diese das gestatten.

- **news:** Ausnahmsweise fehlen hier die zwei Schrägstriche. Dieses Protokoll wird verwendet, um an Newsgroups teilzunehmen. Der Navigator und der Internet Explorer bieten diesen Dienst ebenso an, wie

- **mailto:** Auch dieses Protokoll verzichtet auf die Doppelstriche // und ist zuständig für die elektronische Post. Dem Protokoll folgen daher keine Dateien, sondern E-Mail-Adressen mit dem berühmten Klammeraffen, beispielsweise *mailto:first-cat@white-house.gov*, womit man seinerzeit Bill Clintons Mieze (die mit vier Beinen) erreichen konnte.

Jedes Protokoll endet mit dem Doppelpunkt. Wenn ein Protokoll wie etwa *ftp:* und *http:* zu einer Datei führt, folgt unmittelbar nach dem Doppelpunkt der Doppelstrich. Daran schließen sich Servername, Pfad und Name der Datei an. Alle Objekte des Internets haben somit eine eindeutige Adresse, der sogenannte **URL**. Diese Abkürzung steht für *Uniform Resource Locator*.

Anker

Das Faszinierende am WWW ist natürlich das Surfen genannte Hüpfen von Seite zu Seite. Dazu werden die sogenannten **Anker** benötigt. Verwirrend ist, dass man über einen Anker einerseits zu einer anderen Datei springen kann, andererseits aber Anker auch Sprungziele sein können. Das entsprechende Steuerzeichen für einen Sprungziel-Anker lautet

```
<a name="spring_hier_her">Text oder Bild</a>
```

Zum ersten Mal begegnet uns hier die Eigenschaft *name* . Der Name dient der Identifikation des Ankers.

Anker sind also Ziele für Verweise, der Ansprung erfolgt aber ebenfalls über einen Anker. Dies geschieht über die Eigenschaft *href="#name_des_sprungzieles"*. Beachten Sie bitte das Lattenkreuz vor dem Namen des an zu springenden Ankers. Es folgt daher gleich eine typische Anwendung.

Sehr lange Dateien passen nicht ganz in das Fenster des Browsers, daher kann dem Betrachter das Navigieren durch Anker erleichtert werden. Viele Webgestalter setzen gleich an den Anfang des Dokuments einen Anker *<a name="Oben">Text </a>* und setzen am Ende einen Anker mit Verweis auf diesen Anker:

```
<body>
<a name="Oben">Hier beginnt das Dokument</a>
<!-- Jetzt kommt viel Inhalt -->
<a href="#oben">Zur&uuml;ck zum Anfang</a>
```

Der Teil innerhalb der Tags *<a>* und *</a>* wird vom Browser optisch durch Unterstreichung von Text oder Umrahmung von Bildern hervorgehoben, beim Überstreichen mit der Maus verwandelt sich der Mauszeiger in eine Hand und in der Statuszeile erscheint der Anker, worauf der Verweis zeigt. Der Rahmen des Bildes und der Text erscheinen in einer speziellen Farbe, welche in der Steueranweisung *<body>* vom Gestalter der Seite gesetzt werden, etwa:

```
<body bgcolor="white" text="black" link="blue" vlink="navy">
```

Im Attribut *link* wird die Farbe von noch nicht besuchten Verweisen bestimmt, während *vlink* die Farbe bereits besuchter (daher v für visited) Dokumente angibt.

Verweise auf andere Dateien

Über die Eigenschaft *href* kann nicht nur zu Anker der eigenen Datei gesprungen werden, sondern auch zu anderen Dateien. Das entsprechende Steuerzeichen lautet

```
<a href="pfad/datei[#name_eines_ankers]">Text oder Bild</a>
```

Meistens gibt man nur die neue Datei an, man darf aber auch einen Anker innerhalb dieser Datei angeben. Dieser muss wieder durch das Zeichen # eingeleitet werden.

Bei Verweisen muss streng unterschieden werden, ob die Zieldatei auf dem eigenen oder einem fremden Server liegt.

Der Pfad einer Datei des eigenen Rechners bezieht sich entweder auf das Verzeichnis der aktuellen Datei oder auf das Stammverzeichnis des Servers

---

Beginnt der Pfad ohne Schrägstrich, bezieht er sich auf das aktuelle Verzeichnis. Daher steht die Datei *"gleichnebenan.htm"* im gleichen Verzeichnis und die Datei *"bilder/herzlos.gif"* im Unterverzeichnis *bilder* des aktuellen Verzeichnisses.

Mit Hilfe des Symbols ../ kommt man vom aktuellen Verzeichnis nach oben. Daher steht die Datei *"../gleichobendrueber.htm"* im Vaterverzeichnis und die Datei */../..zweimalhoeher.htm* im Vaterverzeichnis des Vaterverzeichnisses.

Beginnt der Pfad mit Schrägstrich, bezieht er sich auf das Stammverzeichnis des Servers. Daher steht die Datei *"/ganzunten.htm"* im Stammverzeichnis und die Datei *"/girls/eva.gif"* im Unterverzeichnis *girls* des Stammverzeichnisses.

Dateien auf **fremden** Rechnern müssen mit vollständiger Adresse, dem sogenannten **URL** (Unique Resource Locator), bezeichnet werden:

```
{protokoll}server/pfad/datei
```

etwa

```
http://alf.zfn.uni-bremen.de/~griese/index.html
```

Dies ist die Homepage von Herrn Griese mit vielen Links für Donaldisten. Erforderlich ist das Protokoll *http://*, der Server heißt *alf.zfn.uni-bremen.de*, der Pfad ist */~griese* und der Name der Datei ist *index.html*.

Die zuständigen Tags für Verweise auf Dateien oder Bilder anderer Server lauten

```
<a href="url">Text oder Bild</a>
```

Verweise werden auch in deutschsprachigen Ländern oft *Links* genannt.

In meinem kleinen Dokument *index.htm* finden sich drei Verweise, und zwar

```
<a href="http://www.fbmn.fh-darmstadt.de/
         organisation/frame.htm"> Organisation</a>
```

sowie

```
<a href="/mathematik/frame.htm">Studiengang Mathematik</a>
```

und

```
<a href="mailto:baumgart@fh-darmstadt.de">D. Baumgarten</a>
```

Der erste Verweis erfolgt mit vollständiger Web-Adresse, der zweite mit Bezug auf den eigenen Server. Der dritte Verweis bezieht sich auf meine E-Mail-Adresse. Streicht die Maus über einen Verweis, erscheint der Mauszeiger als Hand und in der Statuszeile erscheint die Adresse. Sollten Sie den Link zu meiner E-Mail anklicken, erscheint ein Editor für eine E-Mail an mich.

Bildfelder in HTML

Bildfelder sind für Webseiten fast unverzichtbar, entsprechend ausgefeilt ist das zuständige Tag. In seiner einfachsten Form hat es nur die Eigenschaft *src*:

```
<img src="Adresse_Wie_erklärt">
```

Die Adresse ist ein absoluter oder relativer URL, der die Bilddatei lokalisiert. Man kann das Tag an jeder beliebigen Stelle einfügen. Dieses Tag hat kein Endtag.

Es sind lediglich zwei Bildformate erlaubt, das **GIF-Format** (Graphics Interchange Format) von CompuServe und das **JPEG-Format**. Beide bilden Grafiken hoch komprimiert ab, um schnelle Übertragungszeiten zu ermöglichen. Trotzdem verlangsamen Bilder den Aufbau eines Dokuments beträchtlich und sollten daher nur gezielt eingesetzt werden.

Ältere Browser sind nicht grafikfähig und manche Anwender schalten die Bildübertragung ab. Der Browser lässt dann den Rahmen des Bildes leer, erlaubt aber ersatzweise einen Text. Dieser ist Wert des Attributs *alt*, etwa:

```
<img src="bilder/schumi.jpg" alt="Brumm, Brumm">
```

Der URL ist hier relativ und bezieht sich auf die Quelldatei. Somit muss das Unterverzeichnis *bilder* die Bilddatei *schumi.jpg* enthalten. Ist das nicht der Fall, erscheint statt unseres Nationalhelden nur der Text *Brumm, Brumm*, dumm. Dieser Text wird von modernen Browser aber auch angezeigt, wenn die Maus über dem Bild liegt.

Durch zwei weitere Attribute, *width* und *height*, wird der Bildaufbau beschleunigt. Die Werte sind die Breite und Höhe des Bildes in Pixel. Hier dürfen keine relativen Angaben gemacht werden:

```
<img src=" tafel.gif" width="117" height="170">
```

Falls die tatsächlichen Bilddimensionen nicht mit den als Werten angegebenen übereinstimmen, wird das Bild entsprechend verzerrt.

Mit dem Attribut *align* legt man die Lage des Bildes relativ zum begleitenden Textfluss fest. Die zulässigen Werte sind die Schlüsselwörter *left*, *right* sowie *top*, *middle* und *bottom*. Bei den Werten *left* und *right* richtet sich das Bild an dem linken bzw. rechten Rand des Browserfensters aus. Der Text fließt an der freien Seite des Bildes weiter.

Die Werte *top* (oben), *middle* und *bottom* (unten) ordnen den Text vertikal in einer Zeile neben dem Bild an. Der Text, der nicht in eine Zeile passt, wird unter das Bild gesetzt.

Soll ein Bild nicht von Text umgeben sein, muss es durch Tags wie <p> oder <br> vom Textfluss abgesondert werden:

```
<p align="center"><img src="tafel.gif" alt="Zentral!"></p>
```

Dieses Bild steht allein in der Mitte des Browserfensters.

Mit den Attributen *vspace* und *hspace* lässt sich Platz zwischen Text und Bild schaffen. Die Angabe erfolgt wie immer in Pixel. Mit der Anweisung

```
<img src="tafel.gif" vspace="6" hspace=8"></p>
```

setzt sich das Bild vertikal 6 und horizontal 8 Pixel vom umgebenden Text ab.

Ein weiteres Attribut verpasst Bildern einen Rahmen. Es heißt entsprechend *border* und sein Wert legt die Breite des Rahmens in Pixel oder relativ zum Browserfenster fest. Rahmen sehen aber selten gut aus.

Rein technisch können Sie jedes Bild des WWW in Ihrem Dokument einbinden, da Bilder genau wie Dokumente vollständig übertragen werden. Daher ist es auch so einfach Bilder "auszuleihen", es genügt das Bild mit der rechten Maustaste anzuklicken und auf das Kontextmenü mit dem Befehl *'Bild speichern unter...'* zu warten. Für den privaten Gebrauch ist dies zulässig, aber sonst unterliegen Bilder dem Urheberschutz und dürfen nur mit Erlaubnis des Rechteinhabers ins Netz gestellt werden.

Ein Bild dient auch als Verweis auf andere Dokumente, wenn es zwischen <a href="url"> und </a> steht, etwa:

```
<a href= http://www.spiegel.de>
   <img src="spiegellogo.gif" alt="zum Spiegel" border="0"> </a>
```

Ein solches Bild ist dann an seinem farbigen Rand als Verweis zu erkennen. Viele Webdesigner finden das allerdings wenig cool und unterdrücken den Rand durch das Attribut *border="0"*.

Nach soviel Theorie kommt jetzt ein besonders schönes Beispiel, jedenfalls wenn man Kühe mag:

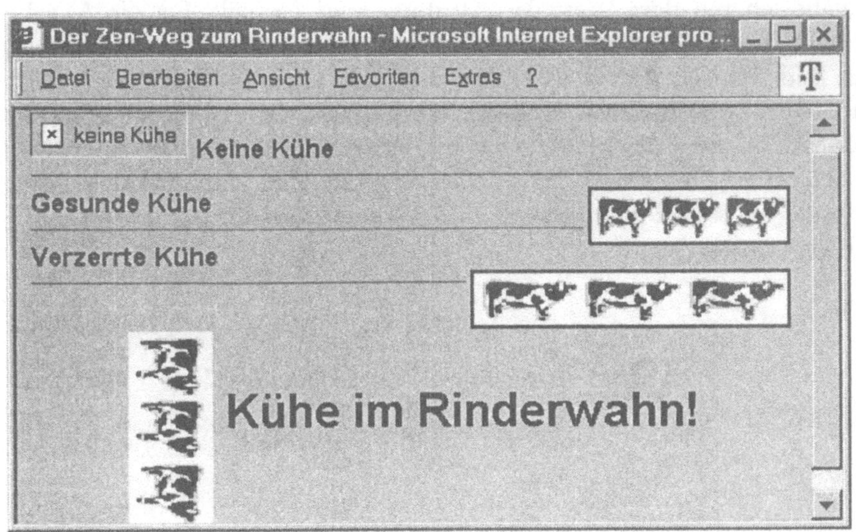

Die Datei */kapitel2/images.htm* enthält Beispiele für alle Attribute von *<img>*:

```
<html><head><title>Der Zen-Weg zum Rinderwahn</title></head>

<body>
<font   face="Arial,Helvetica,sans-serif" size="-1">

<img src="3_cows_horz.gif" alt="keine Kühe">
Keine K&uuml;he <hr>

<img src="images/3_cows_horz.gif" width="126"
   height="34"  align="right" border="2">
Gesunde K&uuml;he <hr>

Verzerrte K&uuml;he
<a href="http://www.bse.com">
<img src="images/3_cows_horz.gif" width = "60%"
   height="34"  align="right"></a>
<hr>

<h2 align="center">
<img src="images/3_cows_vert.gif" width="54"
   height="126"  align="middle">
K&uuml;he im Rinderwahn!
</h2>

</font></body></html>
```

Das erste Bild ist ohne das Attribut *align*. Als Standard wird dann der Wert *left* angenommen. Leider findet der Browser das Bild nicht und gibt in seiner Verzweiflung den Alternativtext aus.

Das zweite Bild ist umrahmt und steht rechts des Textes. Die Attribute *width* und *height* sind richtig gesetzt, daher erscheinen die drei glücklichen Kühe unverzerrt. Im nächsten Bild habe ich mit dem Wert des Attributs *width* gespielt. Da die Angabe relativ erfolgt, werden die Kühe zunehmend breiter, wenn ich das Browserfenster verbreitere. Das Bild dient als Anker, da es zwischen den Tags <a> und </a> steht. Es erscheint trotzdem ohne Rahmen, weil der Wert von *border* 0 ist. Der Anwender kann nur an der Veränderung des Mauszeigers erkennen, dass dieser über einem Anker liegt. Sehr schlechter Stil, zumal das darüber liegende Bild kein Anker ist, aber einen Rahmen hat! Das letzte Bild erscheint als Teil einer Überschrift, diese ist mittig neben dem Bild angeordnet.

3 Listen und Tabellen

Mit Listen und Tabellen können die Inhalte einer Seite gegliedert und gestaltet werden. Listen stellen eine Reihe von Absätzen eingerückt dar, wobei die Absätze durchnummeriert oder mit kleinen Kugeln verziert sind. Tabellen bilden ein Raster von Zellen, die in Zeilen und Spalten aufgeteilt sind. In jeder Zelle kann beliebiger HTML-Code stehen.

Listen

Listen werden eingesetzt, wenn bestimmte zusammenhängende Absätze hervorgehoben oder durchgezählt werden sollen. Typische Beispiele sind Listen von Suchmaschinen, Tagesordnungen oder die Liste meiner zu erledigenden Arbeiten.

Es gibt zwei Arten von Listen: ungeordnete und geordnete Listen. Im ersten Fall sehen alle Elemente der Liste gleich aus, im zweiten werden die Elemente durch arabische oder römische Zahlen oder durch große oder kleine Buchstaben geordnet.

Listen haben zwei Tags, das äußere Tag grenzt die Liste vom Rest der Webseite ab, während das innere Tag die Elemente der Liste trennt.

Da es wie erwähnt zwei Arten von Listen gibt, werden auch zwei unterschiedliche äußere Tags benötigt, und zwar

- `<ul>` und `</ul>`

- `<ol>` und `</ol>`

für ungeordnete bzw. geordnete Listen. Die ersten haben ein kleines Kügelchen für jeden Eintrag, die anderen ordnen die Liste durch Zahlen oder Buchstaben.

Die Listeneinträge werden in beiden Fällen durch das Tag `<li>` separiert. Das entsprechende Endtag `</li>` ist in HTML nicht erforderlich, da das nächste Anfangstag den Beginn eines neuen Listenelements definiert. Ich setze es aber immer, da in einigen Jahren HTML durch den strengeren Standard XHTML ersetzt werden könnte, der auf Endtags besteht.

Die Datei */kapitel1/index.htm* des vorigen Kapitels enthielt diese ungeordnete Liste:

```
<ul>
  <li><a href="org.htm">Organisation</a></li>
  <li><a href="math.htm">Studiengang Mathematik</a></li>
</ul>
```

Sie zeigt eine typische Anwendung von ungeordneten Listen, nämlich die Aufzählung von Verweisen.

Geordnete Listen werden mit arabischen Ziffern nummeriert. Das Attribut *type* erlaubt auch kleine und große Buchstaben (a, b, c bzw. A, B, C) sowie kleine und große römische Zahlen(i, ii, iii bzw. I, II, III). Die entsprechenden Werte des Attributs *type* sind:

```
<ol type="1">
<ol type="a">, <ol type="A">
<ol type="i">, <ol type="I">
```

Fehlt das Attribut, wird *type="1"* angenommen.

Mit dem Attribut *start* kann der Beginn der Liste festgelegt werden, etwa:

```
<ol type="a" start="3">, <ol type="i" start="4">
```

Die erste Liste verwendet kleine lateinische Buchstaben und startet bei *c*, die zweite benutzt römische Zahlen und beginnt bei der römischen Zahl iv.

Die einzelnen Einträge der geordneten Liste werden ebenfalls durch die Tags *<li>* und *</li>* eingeschlossen. Über das Attribut *value* kann die Reihenfolge willkürlich hochgesetzt werden; wäre eigentlich die Zahl 4 an der Reihe, kommt über *<li value="6">* sofort die 6 zum Zug. Nun gut, wer dafür eine sinnvolle Anwendung kennt, teile sie mir bitte mit.

Ich beschließe diesen Abschnitt mit der Datei */kapitel3/liste.htm*:

```
<html><head><title>Listen</title></head>
<body bgcolor="#999999"><font face="Arial" size="-1">

<h3>Kugeln</h3>
Vor der Liste
<ul>
  <li><a href="org.htm">Organisation</a></li>
  <li><a href="math.htm">Mathematik</a></li>
</ul>
Nach der Liste

<h3>Buchstaben</h3>
Vor der Liste
<ol type="a">
  <li>Organisation</li>
  <li>Mathematik</li>
</ol>
Nach der Liste

<h3>Gemischt</h3>
Vor der Liste
<ol type="I" start="4">
  <li>Organisation</li>
  <li value="6" type="1">Mathematik</li>
</ol>
Nach der Liste

</font></body></html>
```

Die erste Liste ist ungeordnet, die zweite ordnet die Einträge mit kleinen Buchstaben und die dritte spielt mit den Attributen *start* und *value*. Listen erscheinen eingerückt und vom übrigen Text durch einen deutlichen Abstand entfernt. Im Browser sieht das dann so aus:

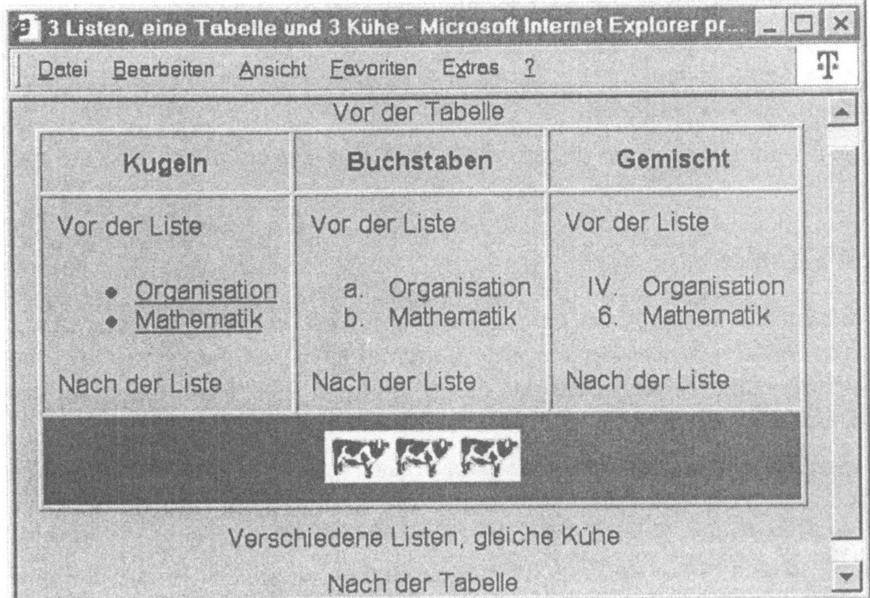

Höre ich da jemanden grummeln: "Bei mir stehen die Listen aber unter- und nicht nebeneinander und Trennlinien sind schon gleich gar nicht vorhanden! Und wo kommen die Rinder her?" Das stimmt, um Platz zu sparen, habe ich die Listen in einer Tabelle angeordnet. Wie das geht, zeigt der nächste Abschnitt.

Tabellen

Tabellen bestehen aus einer beliebigen Zahl von Reihen, wobei alle Reihen eine feste, aber beliebige Zahl von Datenfeldern haben. Übereinander liegende Datenfelder bilden eine Spalte. Die Tabelle des vorhergehenden Beispiels hat drei Zeilen und drei Spalten. Benachbarte Datenfelder dürfen zu einem Feld zusammengefasst werden, wie an der Zeile mit den Kühen zu erkennen ist. Tabellen beginnen genau wie Listen in einer neuen Zeile, nach der Tabelle wird ebenfalls eine neue Zeile angefangen. Der Abstand nach oben erscheint mir ein wenig zu gering, durch <br> oder <p> kann er vergrößert werden. Manche Tabellen haben einen Titel, der über oder unter der Tabelle stehen kann.

Nach außen ist eine Tabelle durch vier Ränder begrenzt, die auf grauem Hintergrund einen hervorgehobenen Eindruck erzeugen. Die einzelnen Datenfelder sind ebenfalls umrandet und erscheinen tiefliegend.

Die Inhalte der Datenfelder weisen einen Abstand von einigen Pixel zu den Rändern auf, deutlich zu erkennen an den drei Kühen, die nach oben und unten jeweils neun Pixel Abstand zum Rand haben.

Jedes Datenfeld kann eine eigene Hintergrundfarbe haben, wie am schwarzen Hintergrund der letzten Reihe zu erkennen ist. Und als wäre das noch nicht genug, kann man für jede Zelle eine eigene Schriftart wählen.

Jedes Datenfeld ist eine abgeschlossene Einheit und kann alle Tags enthalten, die HTML bietet, also Text, Bilder, Anker, Listen und insbesondere kann eine Datenzelle selbst wieder eine Tabelle enthalten.

Verdammt viele Möglichkeiten, verdammt viele Tags mit verdammt vielen Attributen.

Gerüst einer Tabelle

Eine Tabelle besteht aus einer Reihe von Zeilen, jede Zeile besteht aus einer Reihe von gleich breiten Spalten, wobei benachbarte Datenfelder zusammengefasst werden dürfen. Das Gerüst einer Tabelle benötigt daher lediglich vier Tags: einen für die Tabelle an sich, einen für die Reihen und zwei für die Datenfelder.

Die Tags für eine **Tabelle** lauten *<table Attribute>* und *</table>*, dazwischen stehen die **Reihen** innerhalb von *<tr>* und *</tr>* und die **Datenfelder** sind darin durch *<td>* und *</td>* abgegrenzt. Datenfelder, die hervorgehoben werden sollen, werden anstelle von *<td>* durch *<th>* und *</th>* eingegrenzt. Dies ist üblich für die erste Zeile, englisch **Header**. Die Bezeichnungen leiten sich ab von **T** für **Table** und **R** für **Row**, **D** für **Data** sowie **H** für **Header**.

Eine Tabelle für die Bundesliga benötigt eine Spalte für den Platz, eine für den Namen des Vereins und eine für die Punkte. Die Tabelle hat eine Zeile für die Überschriften und drei Spalten für die Werte.

Der Quelltext steht in der Datei */kapitel3/bundesliga.htm*:

```
<html><head><title>Zieht den Bayern usw.</title></head>
<body bgcolor="#999999">
<table cellpadding="6" cellspacing="7" border="10"
       align="center" width="80%" height="140">
  <caption align="bottom">Tabelle der Bundesliga usw.</caption>
  <tr>
    <th>Platz</th>
    <th>Verein</th>
    <th>Punkte</th>
  </tr>
  <tr>
    <td>1.</td>
    <td>Borussia Dortmund</td>
    <td>55</td>
  </tr>
  <tr>
    <td>2.</td>
    <td>Bayer Leverkusen</td>
    <td>53</td>
  </tr>
```

```
</table>
</body>
```

Beachten Sie bitte die drei Hierarchieebenen. Das äußere Gerüst wird durch *<table>* und *</table>* gebildet. Danach folgt die Stufe der Zeilen, eingegrenzt durch *<tr>* und *</tr>*. Dazwischen folgen die Datenelemente, die zwischen *<td>* und *</td>* bzw. *<th>* und *</th>* stehen. Jede Zeile muss die gleiche Anzahl von Datenelementen haben. Zur besseren Lesbarkeit habe ich die Hierarchieebenen durch Einrückungen kenntlich gemacht, und zwar so, dass Anfangs- und Endtag in der gleichen Spalte stehen. Diese Datei wird dann so im Browser dargestellt:

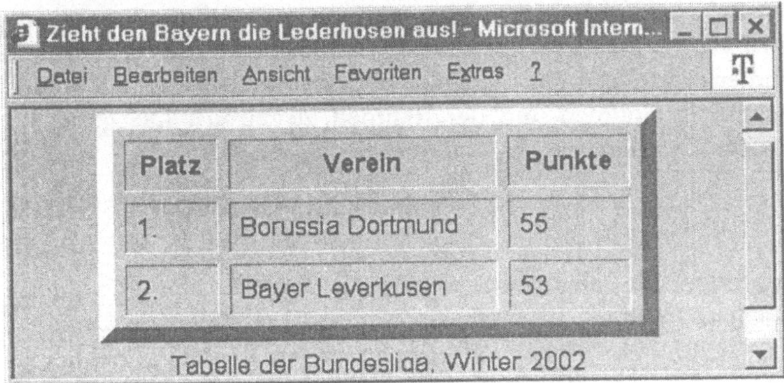

Titel

Tabellen können einen Titel haben, der mittig über oder unter der Tabelle angeordnet ist. Erreicht wird dies mit dem Tag *<caption>*, das unmittelbar auf das Tag *<table>* folgt. Dann folgt der Text des Titels und das Ganze wird mit dem Endtag *</caption>* abgeschlossen.

Das bei allen Tags von Tabellen vorhandene Attribut *align* bestimmt, wo der Titel steht. Voreingestellt ist der Wert *top*, wählt man *align="bottom"* steht der Titel unterhalb der Tabelle.

Rahmen

Tabellen haben einen Rahmen, der oben und links weiß und unten und rechts dunkelgrau gefärbt ist. Auf hellgrauem Untergrund tritt die Tabelle damit hervor. Die Breite des Rahmens legt ein Attribut des Tags *<table>* fest, das Attribut *border*. Der Wert wird in Pixel angegeben. Hier gilt wie für die Goldkettchen der Spieler, je dicker, um so geschmackloser. Ich habe oben als Wert von *border* 10 gewählt, damit der Rahmen auch auffällt.

Trennlinien

Auch die Datenfelder sind durch Linien getrennt. Die Farben werden genau umgekehrt wie beim Rahmen gewählt, daher erscheinen die Datenfelder vertieft. Die Breite der Trennlinien legt ein weiteres Attribut des Tags *<table>* fest, das Attribut *cellspacing*. Der Wert wird in Pixel angegeben, auch hier ist Zurückhaltung angesagt. Natürlich nicht bei der Demonstration, daher sind meine Trennlinien sieben Pixel dick.

Sinnvolle Kombinationen

Die Geschmäcker der Gestecker sind verschieden, experimentieren Sie bitte mit den Werten der beiden Attribute, bis es Ihnen gefällt. Die Radikallösung ist der vollständige Verzicht auf Rahmen und Trennlinien. Dazu wird *border="0"* gesetzt. Wählt man *border="1"*, sehen die Trennlinien und der Rahmen gleich aus. Die geringste Breite ergibt sich durch die Kombination *border="1"* und *cellspacing="0"*.

Abstand zu den Trennlinien

Es sieht selten gut aus, wenn der Inhalt einer Datenzelle direkt an die Trennlinien stößt. Daher kann mit dem Attribut *cellpadding* ein Mindestabstand festgeschrieben werden. Die Angabe ist fast immer in Pixel und bezieht sich auf alle vier Trennlinien einer Zelle. Ich habe durch *cellpadding="6"* sechs Pixel Abstand für die Bundesligatabelle gewählt.

Cellspacing und ***cellpadding*** **werden gerne verwechselt. Das erste Attribut legt die Dicke der Trennlinien fest, das zweite sorgt für den Mindestabstand zwischen Inhalt und Trennlinien.**

Ausrichtung

Tabellen sind vom restlichen Inhalt abgesetzt und können links- oder rechtsbündig sowie zentriert stehen. Die Ausrichtung kann durch das Attribut *align="center (right,left)"* festgelegt werden. Fehlt das Attribut, erscheint die Tabelle linksbündig. Die Tabelle der Bundesliga ist mittig ausgerichtet.

Breite und Höhe

Der Browser übernimmt bei der Darstellung einer Tabelle die Berechnung der Breite und Höhe sowohl der Datenzellen als auch der Tabelle als Ganzes. Dafür sollte man dankbar sein, doch in manchen Fällen möchte man dem Browser die Breite und Höhe einer Tabelle oder von Datenzellen vorschreiben. Dimensioniert man dabei zu knapp, ignoriert der Browser die Angaben. Die Festlegung übernehmen die Attribute *width* und *height*.

```
<table align="center" width="80%" height="160">
```

Diese Tafel ist mittig ausgerichtet und hat links und rechts einen Abstand von 10% zu den Rändern des Fensters und eine Höhe von 160 Pixel, da die Breitenangabe über das Prozentzeichen relativ zur Breite des Browserfensters erfolgte, die Höhenangabe dagegen in Pixel.

Auswahl von Rändern und Trennlinien

Der Browser stellt normalerweise alle vier Ränder des Rahmens dar. Bei manchen Tabellen möchte man aber nur Teile sehen, etwa nur die beiden horizontalen oder nur die beiden vertikalen Streifen. Auch dafür ist gesorgt, natürlich mit einem weiteren Attribut: *frame*.

Während also *frame* das Aussehen des Rahmens der Tabelle bestimmt, regelt *rules* die Auswahl der Trennlinien zwischen den Zellen. Die zulässigen Werte stehen in der folgenden Tabelle:

frame		rules	
Wert	**Resultat**	**Wert**	**Resultat**
box	alle Ränder	*all*	alle Trennlinien
hsides	horizontale Ränder	*rows*	horizontale Trennlinien
vsides	vertikale Ränder	*cols*	vertikale Trennlinien
above	oberer Rand	*groups*	Trennlinien zwischen Gruppen
below	unterer Rand	*none*	keine Trennlinien
lhs	linker Rand		
rhs	rechter Rand		
void	kein Rahmen		

Wählt man etwa

```
<table cellspacing="0" border="1" frame="above" rules="cols">
```

so hat die Tabelle nur oben einen Rand und lediglich vertikale Trennlinien.

Farben und Schriftart

In der nächsten Webseite stecken fast zwei Tage Arbeit! Auf engstem Raum enthält sie fast alles, was über Tabellen zu sagen ist.

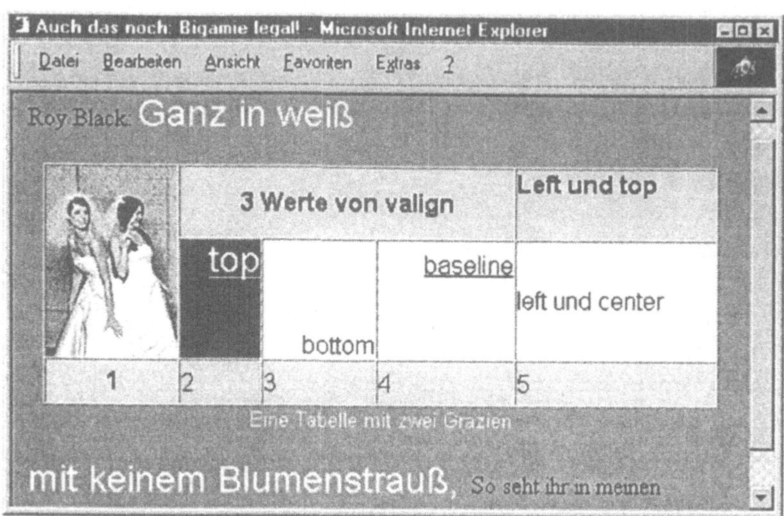

Der Quellcode steht in der

Datei */kapitel3/tabcolor.htm*:

```
<html><head><title> Bigamie legal!</title></head>

<body bgcolor="#666666" text="black">Roy Black:
<font face="arial" size="+2" color="white">
Ganz in wei&szlig;<p>
<table cellpadding="0" cellspacing="0" border="1" align="center"
    bgcolor="#cccccc">
  <caption align="bottom">
    <font face="arial,sans serif" size="+1" color="white">
      Eine Tabelle  mit zwei Grazien</font>
  </caption>
  <tr valign="top">
    <td rowspan="2" bgcolor="black"><img src="2grazien.jpg"></td>
    <th colspan="3" width="220" valign="center">3 Werte von
      valign</th>
    <th height="30" width="130" align="left">Left und top</th>
  </tr>
  <tr align="right" bgcolor="white">
    <td valign="top" bgcolor="black">
      <font color="white" size="+2"><u>top</u></font></td>
    <td valign="bottom">bottom</td>
    <td valign="baseline"><u>baseline</u></td>
    <td height="50" align="left">left und center</td>
  </tr>
  <tr>
    <th height="30">1</th><td>2</td><td>3</td><td>4</td><td>5</td>
  </tr>
</table>
<p>mit keinem Blumenstrau&szlig;, </font> So seht ihr in meinen
</body></html>
```

Es gibt viel zu erklären: Farbe, Größe und Schriftart, dazu die Hintergrundfarbe der Zellen und die Ausrichtung des Inhalts innerhalb einer Zelle. Außerdem ist es offensichtlich möglich, benachbarte Zellen zusammenzufassen.

Ich beginne mit der Schrift. Der oberste Tag des Inhalts ist die Anweisung *<body>*. Hier können Farbe des Textes, der Verweise und des Hintergrunds festgelegt werden:

```
<body text="black" bgcolor="#666666">Roy Black:
```

Der Browser wählt seine Standardschrift und Standardgröße, bis die Anweisung *<font>* dies ändert:

```
<font face="arial" color="white" size="+2">Ganz in weiß
```

Deutlich ist der Übergang in Farbe, Größe und Schriftart zu erkennen. Nun tritt die Tabelle auf:

```
<table bgcolor="#cccccc" usw.>
```

Innerhalb der Tafel haben jetzt alle Zellen die neue hellere Hintergrundfarbe. Die Tabelle befindet sich im Einflussbereich des Tags *<font>*, aber schauen Sie genau hin, nein, nicht die Mädels, die Schrift! Die Farbe ist wieder schwarz, d.h. so wie es innerhalb von *<body>* festgelegt wurde. Auch die Größe ist wieder normal, aber die Schriftart Arial wird vom Tag *<font>* übernommen. Drollig! Die Zellen müssen sich damit aber nicht abfinden, wie gut an der Zelle mit dem Inhalt *top* zu erkennen ist.

Alle Zellen der zweiten Reihe haben die Hintergrundfarbe gewechselt. Das erledigt die Eigenschaft *bgcolor* des Tags *<tr>*:

```
<tr bgcolor="white">
```

Der zweiten Zelle ist das nicht recht, schließlich hat auch das Tag *<td>* das Attribut *bgcolor* und so kommt es weiß auf schwarz:

```
<td  bgcolor="black"  align="right"  valign="top">
<font color="white" size="+2"><u>top</u></font></td>
```

Jede Zelle kann auf diese Weise individuell mit Schriftart, Farbe und Größe ausgestattet werden. Beim Hintergrund gilt das Prinzip, Zeile überstimmt Tabelle und Zelle setzt sich über Zeile hinweg.

Der Titel erscheint in weiß und relativ klein, daher wurde auch in diesem Teil das Tag *<font>* eingesetzt:

```
<caption align="bottom">
<font face="arial,sans serif" size="-1" color="white">
Eine Tabelle  mit zwei Grazien</font></caption>
```

Das Tag *</table>* beendet die Tabelle und setzt das ursprüngliche Tag *<font>* wieder ganz in Kraft, deutlich an den weißen großen Buchstaben zu erkennen. Nach dem Endtag *</font>* kehrt dann die Standardschrift zurück.

Ausrichtung und Dimension

Tags wie *<img>*, *<table>*, sowie *<tr>*, *<td>* und *<th>* beschreiben Objekte, die eine bestimmte Fläche einnehmen. Diese haben daher Attribute für die Größe und Lage. Diese lauten:

width, height, align und *valign*

Wie schon oft erwähnt, werden Breite und Höhe in Pixel oder bei abschließendem Prozentzeichen relativ zum Browserfenster angegeben. Die Tabelle kann die Gesamtgröße über die Attribute *width* und *height* bestimmen und die Zellen können Breite und Höhe abstecken. Legt eine Zelle ihre Höhe fest, müssen alle anderen Zellen dieser Zeile die Höhe übernehmen. Genauso übernehmen alle Zellen einer Spalte die Breite. Daher sollten das Attribut *height* innerhalb einer Zeile und das Attribut *width* innerhalb einer Spalte nur einmal gesetzt werden. Das Tag *<tr>* hat diese beiden Attribute nicht.

Die Tags *<tr>*, *<td>* und *<th>* haben alle die Attribute *align* und *valign* für die horizontale und vertikale Ausrichtung. Die wichtigsten Werte dieser Attribute stehen in der folgenden Tabelle

align	valign
left	top
center	center
right	bottom
	baseline

Der Wert *baseline* besagt, dass der Inhalt sich nach der fiktiven Grundlinie der ersten Zelle der entsprechenden Zeile richtet. Die fiktive Grundlinie ergibt sich aus der gewählten Schriftgröße der ersten Zelle und der Annahme, dass der Inhalt nach oben ausgerichtet ist. Da die erste Zelle aber nicht notwendig nach oben ausgerichtet sein muss, führt der Attributwert *baseline* nicht zwingend dazu, dass die erste und die betroffene Zelle die gleiche Grundlinie haben.

Wie bei der Eigenschaft *bgcolor* kann eine Zeile vorsorglich die Ausrichtung ihrer Zellen vornehmen, aber diese können das wieder ändern. In der zweiten Zeile wird zunächst global über *<tr align="right" bgcolor="white">* der Hintergrund weiß und die horizontale Ausrichtung rechtsbündig. Die erste Zelle überstimmt den Hintergrund und die letzte bestimmt über *<td height="50" align="left">* die Ausrichtung. Durch diese Anweisung wird die ganze Zeile 50 Pixel hoch. Wenn man auf die Attribute für die Ausrichtung verzichtet, erfolgt die Ausrichtung automatisch:

	align	valign
<th>	center	center
<td>	left	center

Sie können dies gut an der letzten Zeile erkennen.

Verschmelzung von Zellen

Das starre Schachbrettmuster von Tabellen kann durch Zusammenfassung benachbarter Zellen aufgelockert werden. In einer Reihe fasst man benachbarte Zellen durch das Attribut *colspan ="Zahl"*zusammen und in einer Spalte entsprechend durch *rowspan="Zahl"*. Meine Tabelle hat 3 Zeilen und 5 Spalten. In der ersten Spalte werden die beiden ersten Zellen und in der ersten Zeile die zweite bis vierte Zelle zusammengefasst. Daher dürfen in dieser Zeile insgesamt nur drei Tags mit <td> oder <th> vorkommen. In der zweiten Zeile ist die erste Zelle schon besetzt, daher stehen hier nur vier dieser Zellentags.

```
<tr valign="top">
    <td rowspan="2" bgcolor="black"><img src="2tussies.jpg"></td>
    <th colspan="3">3 Werte von valign</th>
    <th align="left">Left und top</th>
</tr>
```

Zeilengruppen

Die Reihen einer Tabelle lassen sich oft zu logischen Gruppen zusammenfassen. Die Bundesligatabelle enthält einen Kopf, die Gruppe der Kandidaten für die Champions League, die Absteiger und eine Fußzeile für das Logo der Zeitschrift. Die logische Zusammenfassung übernehmen die drei Tags

<thead>, <tbody> und <tfoot>

Eine Tabelle kann beliebig viele durch <tbody> zusammengefasste Gruppen haben, aber nur je einen Kopf- bzw. Fußbereich. Die logische Gruppierung umfasst immer eine oder mehrere Zeilen:

```
<tbody>(oder <thead> oder <tfoot>
   <tr><td>usw.        </tr>
   <tr><td>usw.        </tr>
</tbody>
```

Dies hat nur dann eine Auswirkung auf die Darstellung, wenn in der Tabelle das Attribut *rules="group"* gesetzt wird. Die folgende Tabelle hat 8 Zeilen und 4 Spalten, wobei in der ersten Spalte die Zellen 2 bis 4 sowie 5 bis 7 zusammengefasst sind. Die drei letzten Zellen der letzten Zeile sind ebenfalls zusammengelegt. Achten Sie bitte beim Studium des Quelltextes auch auf das Attribut *align*. Die Vereinsnamen habe ich nicht aufgelistet. Der auskommentierte fett gedruckte Teil wird gleich erklärt.

Datei */kapitel3/bundesligagroups.htm*:

```
<html><head><title>K&ouml;lle alaaf!</title></head>

<body><table cellpadding="6" cellspacing="0" border="1"
        align="center"  frame="void" rules="groups" >
   <!--Wird noch erklärt
   <colgroup span="1"><colgroup span="3" >
```

```html
-->
<thead align="left">
<tr>
  <th> </th><th >Platz</th><th>Verein</th><th>Punkte</th>
</tr>
</thead>
<tbody>
<tr>
  <td  rowspan="3"><img src="images/chlpokal.gif"></td>
  <td>1.</td><td>Dortmund</td><td align="right">47</td>
</tr>
<tr><td>2.</td><td>Leverkusen</td><td align="right">45</td></tr>
<tr><td>3.</td><td>Kaytown</td><td align="right">42</td></tr>
</tbody>
<tbody>
<tr>
  <td rowspan="3"><img src="images/scull.gif"></td>
  <td>16.</td><td>Energie Cottbus</td><td align="right">20</td>
</tr>
<tr><td>17.</td><td>St. Pauli</td><td align="right">15</td></tr>
<tr><td>18.</td><td>K&ouml;ln</td><td align="right">14</td></tr>
</tbody>
<tfoot>
<tr><td> </td><th colspan="3">
  <i>&#169; Nachtreter</i>, das Fu&szlig;ballmagazin</th>
</tfoot>
</table></body></html>
```

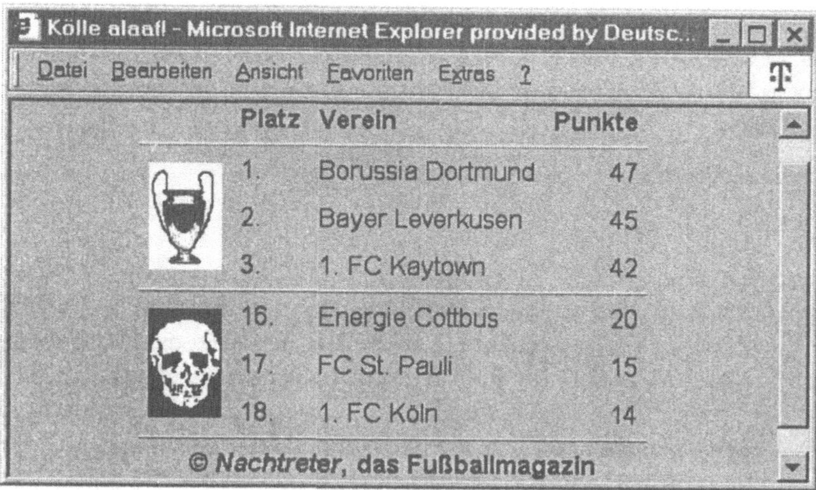

Kaytown, also Kaiserslautern, verpasste später in der Endabrechnung den dritten Platz, Dortmund wurde Meister und Cottbus hatte noch die Energie, sich zu retten.

Spaltengruppen

Tabellen können auch spaltenweise zusammmengefasst werden. Im obigen Beispiel bietet sich die erste Spalte als Gruppe der Symbole und Logos an, der Rest bildet die

Gruppe des Inhalts. Das Tag lautet <*colgroup*>, die Zusammenlegung erfolgt über das Attribut *span="Zahl"*. Will man in einer Tabelle mit 7 Spalten die ersten und die letzten drei Spalten sowie die mittlere jeweils zusammenlegen, so erfolgt dies durch:

```
<colgroup span="3"> <colgroup span="1"> <colgroup span="3">
```

Hat die Tabelle die Eigenschaft *rules="groups"* gesetzt, so werden die drei Spaltengruppen durch senkrechte Linien getrennt.

Werden im obigen Beispiel die Kommentartags <!-- und --> entfernt, so bilden die Anweisungen

```
<colgroup span="1"> <colgroup span="3">
```

zwei Spaltengruppen, die der Browser durch eine senkrechte Linie trennt.

Zentrierter Inhalt

Manchmal soll der Inhalt horizontal und vertikal zentriert erscheinen. Dafür packt man den Inhalt der Seite in eine Tabelle mit einem einzigen Datenfeld. Ich habe diese Zelle grau hervorgehoben. Deutlich ist die Zentrierung zu erkennen.

Der vollständige Quellcode lautet:

Datei / *kapitel3* / *trick1.htm*:

```
<html><head><title>Entenhausen Metro AG</title></head>
<body bgcolor="white" text="black">
<table align="center" height="100%" width="80%" bgcolor="#cccccc">
<tr><td valign="center" align="center">
    <!-- jetzt kommt der eigentliche Inhalt -->
    <h3>Entenhausen Metro AG
    <br><small>Schneller, Weiter, Tiefer</small></h3>
    Pr&auml;sident: Consul Hubert Herzlos
</td></tr>
</table></body></html>
```

Inhalt mit Seitenrändern

Die Inhalte einer Seite erstrecken sich über die ganze Breite des Bildschirms. Manche Seiten sollen aber nur eine bestimmte Breite haben, etwa um das Ausdrucken zu erleichtern. Dazu wird eine Tabelle mit einer Zeile und drei Spalten erzeugt, wobei die mittlere den eigentlichen Inhalt enthält, während die beiden anderen Spalten leer bleiben. Die Zelle mit dem eigentlichen Inhalt setzt die Attribute *valign="top" align="left" width="60%"*, daher beginnt der Inhalt oben und ist linksbündig. Der Abstand zum Rand beträgt immer 10% der Breite des Browserfensters.

Datei */kapitel3/trick2.htm*:

```
<html><head><title>Entenhausen Metro AG</title></head>
<body bgcolor="white" text="black">
<table bgcolor="white" width="100% "border="1" cellspacing="0">
<tr><td width="10%"></td>
<td valign="top" align="left" width="60%">
<!-- jetzt kommt der eigentliche Inhalt -->
<font face"="arial size="-1">
<h3>Entenhausen Metro AG
<br><small><small>Schneller, Weiter, Tiefer</small></small></h3>
</font>
</td><td width="30%"></td></tr>
</table> </body> </html>
```

Aufgaben

Aufgabe 1. Schreiben Sie eine Datei, worin die Zeichen mit den Nummern 128 bis 142 in einer Tabelle mit 3 Zeilen und 5 Spalten aufgelistet sind.

Aufgabe 2. Schreiben Sie eine Datei, wo für drei ausgewählte, mit Bildern illustrierte Bereiche wie Musik, Sport oder Politik Links zu Ihren Lieblingswebseiten in je einer Liste aufgeführt sind. Ordnen Sie alles in einer Tabelle an.

Aufgabe 3. Geben Sie die Quelldatei der folgenden Webseite an:

4 Formatvorlagen (CCS)

Formatvorlagen werden englisch Cascading Style Sheets genannt, ein hochtrabender Begriff für eine sinnvolle und einfach zu lernende Methode, Seiten einheitlich zu gestalten. Wie in einem Textsystem definieren Formatvorlagen die Gestaltung eines oder mehrerer Tags. So kann etwa dem Tag *<h2>* in einer Formatvorlage Farbe, Schriftart und Schriftgröße zugewiesen werden. Im späteren Quellcode wird der Text dann entsprechend der Formatvorlage wiedergegeben. Änderungen am Aussehen werden dann nur über die Formatvorlage vorgenommen, was die Pflege von Seiten erleichtert.

Syntax einer Formatvorlage

Formatvorlagen gehören nicht zu HTML und müssen durch die Tags *<style type="text/css">* und *</style>* vom sonstigen Quellcode abgesetzt werden. Dies erfolgt im Header.

Eine Formatvorlage besteht aus einer Liste von durch Kommas getrennten Tags **ohne** die spitzen Klammern, gefolgt von einer Liste von Paaren der Form *Eigenschaft: Wert*. Diese Liste befindet sich innerhalb der geschweiften Klammern { und }, wobei die einzelnen Pärchen durch Semikolons getrennt sind:

```
<html><head><title>CCS-Beispiel</title>
<style type="text/css">
body {background-image: url(3cows.gif);}
table {background-color: silver;}
body, td, th {font-family: verdana, sans serif; font-size:12pt;}
th {text-align:right;font-weight: bold; font-style:italic; co-
lor:rgb(255,255,255); background-color: #000000;}
</style></head>
<body><table border="0" cellpadding="4" cellspacing="0">
<tr><td width="100">normal</td>
<th width="100">fett</th></tr></table></body></html>
```

Das sieht dann so grässlich aus:

Eigenschaften für Schriftarten

Es gibt insgesamt vier Eigenschaften von Schriftarten, und zwar **font-family**, **font-size**, **font-weight** und **font-style**. Die möglichen Werte sind Schlüsselwörter wie *Arial* oder *italic* sowie absolute oder relative Werte wie 12pt oder 200%.

Die Eigenschaft *font-family* hat als Werte eine Schriftart wie Arial oder eine Schriftfamilie wie *serif* oder *sans serif*. Meist gibt man einige durch Kommas getrennte Schriftarten gefolgt von der Schriftfamilie an:

```
code {font-family: Courier, monospace;}
```

Die drei wichtigsten Schriftfamilien sind *serif*, *sans-serif* und *monospace*. Die beiden ersten Familien unterscheiden sich durch die Serif genannten Häkchen, die Familie der nichtproportionalen Schriftarten werden unter *monospace* gebündelt, da hier jeder Buchstabe die gleiche Breite hat.

Die Eigenschaft *font-weight* legt fest, wie fett die Schrift erscheint. Bei den meisten Browsern funktionieren lediglich die Werte *bold* und *normal* für fette und normale Wiedergabe.

Auch die Eigenschaft *font-style* ist praktisch zweiwertig: kursives Aussehen wird mit dem Schlüsselwort *italic* bewirkt, normale Ausrichtung durch *normal*.

Die Eigenschaft *font-size* erwartet als Wert eine Größenangabe. Sowohl Netscape als auch der Internet Explorer verstehen die Angabe in Punkt, also

```
code {font-family: Courier, monospace; font-size:12pt;}
```

Diese Angabe wird auch in Textsystemen gemacht und ist deshalb weit verbreitet. Ein Punkt misst 1/72 Inch (Zoll) und ist die typographische Einheit für Schriftgrößen. Neben dieser absoluten Angabe ist auch die relative erlaubt, und zwar über die folgenden Schlüsselwörter:

```
xx-small, x-small, small, medium, large, x-large, xx-large
```

Ich vermeide diesen Weg, da zumindest die älteren Ausgaben der beiden Standardbrowser die Werte unterschiedlich interpretieren, nämlich Netscape *small* wie *x-small* des Internet Explorers.

Texteigenschaften

Unabhängig von der Schriftart kann man den Text über horizontale und vertikale Ausrichtung, den Abstand zwischen zwei Buchstaben und durch Unterstreichung oder Blinken gestalten. Die entsprechende Gruppe von Eigenschaften beginnt meist mit *text*.

Die Ausnahme bildet die Eigenschaft **letter-spacing**, deren Wert in Pixel angegeben wird:

```
code {letter-spacing:3px; font-family: Courier; font-size:12pt;}
```

Zwei Buchstaben trennen nun zwei Pixel, wenn der Text innerhalb der Tags *<code>* und *</code>* steht.

Verschönert wird Text über die Eigenschaft **text-decoration**, womit Texte unter-, über- und durchgestrichen werden können. Die Werte dieser Eigenschaft entstammen folgender Gruppe:

```
underline, overline, blink und none
```

Die Werte dürfen auch noch kombiniert werden:

```
em {text-decoration:underline overline blink;}
```

Mein betagter Navigator kennt *overline* nicht und Microsoft verzichtet auf das Blinken, doch das Leben geht trotzdem weiter.

Die horizontale Ausrichtung wird über die Eigenschaft *text-align* bestimmt. Die möglichen Werte sind *left*, *right*, *center* und *justify*, also Blocksatz, was aber selten klappt.

Farbwerte

Sie können wie in HTML durch Schlüsselwörter wie *green* oder *black* sowie durch die hexadezimale Angabe *#abcdef* der Farbbestandteile gesetzt werden. Man kann auch dezimal arbeiten, benötigt dann aber die Funktion *rgb(r,g,b)*, wobei die Zahlen zwischen 0 und 255 liegen oder prozentual zwischen 0% und 100%.

Die wichtigsten Eigenschaften sind **color** und **background-color**.

Hintergrundbilder

Diese werden über die Eigenschaft **background-image** bestimmt. Die URL der Bilddatei wird über die Funktion url(URL) ausgewählt:

```
body {background-image: url(3cows.gif);}
```

Klassen

Style Sheets sind insofern kaskadierend, als man für ein Tag mehrere Stile definieren kann, wobei jedem Stil eine Klasse entspricht. Die Klassen erben dabei bereits festgelegte Formate, dürfen diese aber überschreiben. Benötigt man ein klassisches, ein halbschrilles und ein schrilles Format für Absätze, so kann man wie in der Datei *kapitel4/klassen.htm* zwei Klassen bilden:

```
<html><head><title>Stilklassen</title><style>
p {font-family:arial; font-size:14pt; color:#cc6666;}
p.halbschrill {background-color:yellow;}
p.schrill {background-color:tomato; color:white;}
</style><body>
<p>Klassisch!</p>
<p class="halbschrill">Halbschrill!</p>
```

```
<p class="schrill">Schrill!</p>
</body></html>
```

Beide Klassen erben die Schriftart und Schriftgröße von *<p>* und die erste Klasse auch die Schriftfarbe. Die zweite Klasse ändert die Schriftfarbe und beide Klassen definieren ihren eigenen Hintergrund. Die Klassen müssen mit dem Attribut *class* ins Spiel gebracht werden.

Anker

Anker haben drei verschiedene Zustände: noch nicht ausgewählt (**a:link**), aktiv (**a:active**) und besucht (**a:visited**). Außerdem sind Anker sensibel und merken, wenn die Maus sich über ihnen befindet (**a:hover**). Beachten Sie bitte, dass bei den Klassen ein Punkt steht, während bei den Unterklassen des Ankers ein Doppelpunkt steht! Die zugehörigen Zustände können einzeln beschrieben werden:

```
a:link,a:visited, a:active {text-decoration:none;color:black}
a:hover {text-decoration:underline;color:red; }
```

In den drei Standardzuständen des Ankers erscheint dieser schwarz und ohne Dekoration, sobald die Maus auf ihm liegt, wird er schamhaft rot. Dieser Effekt wird gerne für Menüs verwendet.

Aufgaben

Aufgabe 1. Erzeugen Sie mit Formatvorlagen die folgende Webseite. Die Links zum Spiegel und Stern sind größer und nicht unterstrichen.

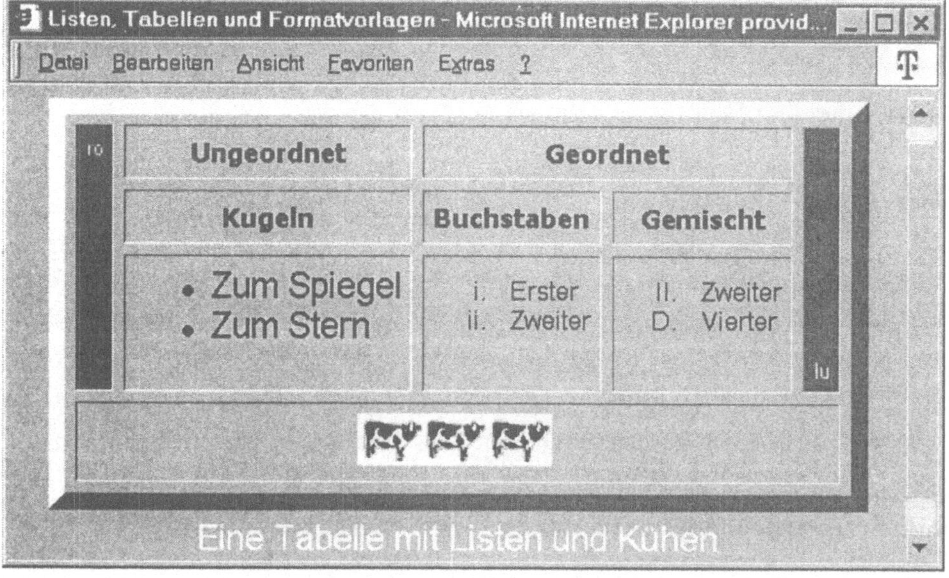

5 Formulare und Ereignisse

Man kann auch in HTML-Seiten die für grafische Benutzerführung typischen Bedienfelder wie Textfelder, Listboxen oder Schaltflächen einbauen. Dafür stehen weitere Tags zur Verfügung. Die Bedienfelder einer Seite wirken zusammen und bilden ein sogenanntes Formular, daher werden die Bedienfelder meist Formularelemente genannt. Die Auswertung der Aktionen des Anwenders geschieht aber nicht durch HTML, sondern durch die speziell für diesen Zweck erschaffene Programmiersprache JavaScript. Die Schnittstelle zwischen den beiden Bereichen bilden die sogenannten Ereignisse, worunter man Aktionen des Anwenders wie Klicken der Maus oder Eingabe von Text versteht.

Formulare

Von der Wiege bis zur Bahre, Formulare, Formulare. Diese bestehen aus sogenannten **Formularelementen,** auch **Bedienfelder** oder **Steuerelemente** genannt. Typische Formularelemente sind Textfelder zur Eingabe von Texten oder Schaltflächen zur Auslösung von Aktionen.

In der folgenden Abbildung sind drei bekannte Steuerelemente versammelt, und zwar zwei gewöhnliche Textfelder, ein mehrzeiliges Textfeld und zwei Typen von Schaltflächen, die gleich aussehen, aber doch unterschiedlich wirken.

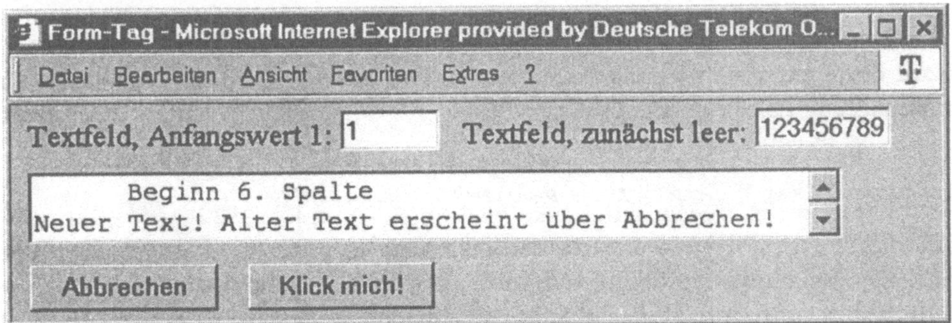

Der Quelltext steht in der Datei *kapitel5/formular1.htm*:

```
<html><head><title>Form-Tag</title><head>
<body>
<form name="form1">
Textfeld, Anfangswert 1:
<input type="text" name="rad" value="1" size="6"
        onchange="alert('Neuer Inhalt im 1. Textfeld');">
  Textfeld, zun&auml;chst leer:
<input type="text" name="umf" size="9" maxlength="9"
        onblur="alert('Servus!');"><p>
<textarea name="mztf" rows="2" cols="50">
    Beginn 6. Spalte
```

```
Beginn 1. Spalte
</textarea><p>
<input type="reset" value="Abbrechen">   
<input type="button" value="Klick mich!" onclick="alert('Ja!')">
</form>
</body></html>
```

Die neuen Tags habe ich fett dargestellt. Ich werde sie jetzt vorstellen. Zunächst aber ein kleiner Abstecher in die Theorie objektorientierter Programmiersprachen.

Klassen und Objekte

Der Mensch ist ein Klassifizierer, d.h., er teilt abstrakte oder konkrete Gegenstände in **Klassen** gleichartiger **Objekte** ein. Die gleichartigen Objekte haben eine Reihe von **Eigenschaften**, wie Größe, Gewicht oder Haarfarbe. Jede Eigenschaft kann einen festgelegten Vorrat von Werten annehmen. Ein Objekt wird oft auch **Instanz** genannt.

In HTML bilden die Gesamtheit aller Objekte, die von einem bestimmten Tag erzeugt werden, eine Klasse, beispielsweise erzeugt das Tag *<img>* die Klasse der Bildfelder und das Tag *<hr>* die Klasse der Querlinien. Auch die Formularelemente werden in Klassen eingeteilt, wobei jeder Klasse ein Tag entspricht. Ich beginne mit der Klasse der Textfelder.

Textfelder

Formulare bestehen aus Formularelementen und erklärendem Text. Die Klasse der **Textfelder** ermöglicht die Eingabe eines Textes. Das erste Textfeld der obigen Seite wird durch das folgende Tag erzeugt:

```
<input type="text" name="rad" value="1" size="6">
```

Textfelder haben viele Eigenschaften, die wichtigste ist *name* zur Identifikation des Objektes. Der Wert muss eindeutig sein und darf nur klassische lateinische Buchstaben und Ziffern enthalten, wobei das erste Zeichen ein Buchstabe sein muss. Die Zeichen dürfen nicht durch ein Leerzeichen unterbrochen werden.

Zulässige Namen sind etwa "*Hugo1*" oder "*Elfi45*", aber nicht "*1Hugo*" oder "*Älfi45*".

Unser Textfeld hat den Namen "*rad*". Über das Attribut *size* kann die Breite des Textfeldes als Anzahl von Buchstaben festgelegt werden, das obige Textfeld ist genau 6 Zeichen breit. Der Anwender darf aber beliebig viele Zeichen eingeben, der Cursor wandert im Textfeld nach rechts. Das Attribut *maxlength* beschränkt die Anzahl der erlaubten Zeichen. Wird diese Eigenschaft wie hier nicht gesetzt, können beliebig viele Zeichen eingegeben werden.

Die Eigenschaft *value* hat als Wert den vom Anwender eingegebenen Text. Wird diese Eigenschaft bereits in der HTML-Datei festgelegt, so erscheint der Wert als Standardvorgabe im Textfeld und kann dann vom Anwender bei Bedarf gelöscht und überschrieben werden. Wird die Eigenschaft nicht gesetzt, erscheint das Textfeld anfänglich leer:

```
<input type="text" name="rad" value="1" size="6">
<input type="text" name="umf" size="9" maxlength="9">
```

Das Textfeld mit Namen *rad* hat den Anfangswert 1, während das andere zunächst leer erscheint. Im zweiten Textfeld können höchstens 9 Zeichen eingegeben werden.

Mehrzeilige Textfelder

Die Klasse der **mehrzeiligen Textfelder** steht für längere Texte bereit. Instanzen werden durch **zwei** Tags erzeugt:

```
<textarea name="ergebnis" rows="2" cols="50">
     Beginn 6. Spalte
Beginn 1. Spalte
</textarea>
```

Sie erkennen wieder die vertraute Eigenschaft *name*. Das Attribut *rows* bestimmt die Anzahl der Zeilen, während *cols* die Anzahl der Spalten festlegt. Unser Textfeld hat somit zwei Zeilen mit jeweils 50 Spalten. Der anfängliche Text wird anders als beim einzeiligen Textfeld nicht über die Eigenschaft *value* gesetzt, sondern zwischen Anfangs- und Endtag, wobei der Inhalt leer bleibt, wenn dazwischen nichts steht. Es werden dabei wie beim Tag *<pre>* alle Einrückungen und Zeilenumbrüche des Quelltextes übernommen, daher steht *Beginn 6. Spalte* sechs Zeichen rechts vom linkem Rand, während die zweite Zeile sofort in der ersten Spalte beginnt. Der Anwender kann das ganze Feld leeren und dann mit beliebigem Inhalt füllen. Dieser Inhalt ist der Wert des Attributs *value*.

Schaltflächen

Schaltflächen sind grau und warten darauf gedrückt zu werden. Sie bilden wegen ihrer Gleichartigkeit ebenfalls eine Klasse. Eine bestimmte Instanz wird durch den folgenden Tag erzeugt:

```
<input type="button" value="Klick mich!">
```

Sieht fast genauso aus wie beim Textfeld, nur steht hier *button* als Wert von *type*. Die Eigenschaft *name* legt auch hier den eindeutigen Bezeichner fest. Die obige Schaltfläche benötigt keinen Namen, daher taucht die Eigenschaft nicht auf. Der Wert der Eigenschaft *value* erscheint als Beschriftung auf der Schaltfläche.

Reset-Buttons

Sie sind eng mit den Schaltflächen verwandt und gehören auch zur Input-Familie:

```
<input type="reset" value="Abbrechen">
```

Die Darstellung sieht aus wie eine gewöhnliche Schaltfläche, aber der Typ ist nicht *button*, sondern *reset*. Ein Reset-Button setzt das Formular auf den ursprünglichen Zustand zurück. Fast alle Formulare haben eine solche Schaltfläche. Sie entspricht der Taste Abbrechen vieler Dialoge. Im ersten Formular dieses Kapitels habe ich Text im anfänglich leeren zweiten Textfeld eingegeben und die zweite Zeile des mehrzeiligen Textfelds verändert. Wenn ich jetzt die Resettaste drücke, leert sich das zweite Textfeld und unten erscheint wieder die ursprüngliche zweite Zeile, also der Text *Beginn 1. Spalte*.

Formularelemente und Formulare

Formularelemente sind allein nicht lebensfähig, sondern benötigen ein Formular, dessen Eigenschaften sie sind. Formulare werden wie in HTML üblich durch zwei Tags <*form name="form1" usw.*> und <*/form*> definiert, die sich innerhalb der Tags <*body usw.*> und <*/body usw.*> befinden. Sie erkennen die vertraute Eigenschaft *name* zur Identifikation des Formulars. Oft vergisst man in der Hitze des Gefechts die Tags für das Formular und wundert sich, warum der Browser von Netscape nicht auf die Schaltflächen reagiert. Meist hat man folgendes missachtet:

Die Bedienfelder eines Formulars müssen innerhalb der Tags <*form usw.*> und <*/form*> definiert werden! Daher rührt der Name Formularelemente.

Ereignisse

Formulare haben verschiedene Elemente wie Textfelder oder Schaltflächen, die mit der Maus oder mit der Tabulatortaste ausgewählt werden. Das jeweils aktive Formularelement wird optisch hervorgehoben, Schaltflächen und Anker erhalten einen gepunkteten Rahmen, während in einem ausgewählten Textfeld der Cursor blinkt. Man sagt, dass das ausgewählte Bedienfeld den **Focus** hat. Jede Veränderung des Zustands eines Formulars wird vom Browser registriert und dem betroffenen Bedienfeld als sogenanntes **Ereignis** mitgeteilt.

Wenn ein Formularelement den Focus erhält, wird das Ereignis *onfocus* ausgelöst, worauf aber meist nicht reagiert wird. Geht der Focus an ein anderes Steuerelement verloren, wird das Ereignis *onblur* ausgelöst, auch darauf wird selten reagiert.

Ein ausgewähltes Formularelement löst das Ereignis *onclick* aus, wenn der Anwender die linke Maustaste oder die Returntaste drückt.

Ein ausgewähltes Formularelement löst das Ereignis *onchange* aus, wenn der Anwender den Inhalt verändert.

Die Ereignisse eines Formularelementes werden wie gewöhnliche Eigenschaften definiert, jedoch ist der Wert eine Reihe von JavaScript-Anweisungen. Jede Anweisung muss mit einem Semikolon beendet werden. Ereignisse bilden eine der Schnittstellen zwischen HTML und JavaScript.

Unser Formular wird bei folgenden drei Ereignissen munter:

- Der Anwender klickt die Schaltfläche an und löst damit deren Ereignis *onclick* aus.

- Der Anwender schreibt einen neuen Wert in das Textfeld *rad* und löst damit dessen Ereignis *onchange* aus.

- Der Anwender verlässt das zweite Textfeld und löst damit dessen Ereignis *onblur* aus.

Jedes Ereignis reagiert mit nur einer Anweisung, und zwar der Funktion *alert()*. Diese gibt einen Text in einem Fenster aus, das nur aus einer OK-Schaltfläche besteht. Der Text muss in Anführungsstrichen oder in Apostrophen stehen. Da aber die Werte von Eigenschaften schon in Anführungsstrichen stehen, habe ich nur Apostrophe verwendet.

Die Oberfläche des Kreisprogramms

Die obige Seite ist zwar schon interaktiv, aber wenig aufregend. Der Anwender kann die drei Eingabefelder füllen, doch niemand nimmt vom Inhalt Kenntnis. Das soll sich jetzt ändern. Unser zweiter Kontakt mit JavaScript wird die folgende Seite sein, wo der Anwender den Radius eines Kreises eingeben kann und der Browser den entsprechenden Umfang ausgibt.

Ich habe folgende Oberfläche für die Seite gestaltet:

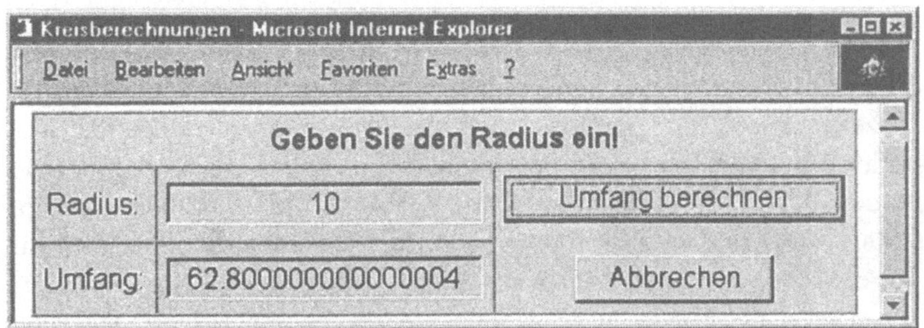

Die Tabelle hat vier Zeilen und drei Spalten, wobei die erste Zeile über drei Spalten verläuft, erzwungen durch *colspan="3"*. Die zweite und dritte Zeile der dritten Spalte sind ebenfalls zusammengefasst, erkennbar an *rowspan="2"*. Die Quelldatei lautet:

Datei *kapitel5/kreis.htm*:

```
<html><head><title>Kreisberechnungen</title>
<style type="text/css">
td,th,table,input{font-family: Arial;font-size: 9pt;
          color: black;background: silver;text-align:center;}
</style>
</head>
```

```
<body>
<form name="form1">

<table border="1" cellpadding="5" cellspacing="0">
  <tr><th colspan="3">Geben Sie den Radius ein!</th> </tr>

  <tr>
    <td align="right">Radius:</td>
    <td><input type="text" name="rad" value="1" size="20"
        onchange="document.form1.butt.click();" >
    </td>
    <td rowspan="2" align="center" valign="bottom">
      <input type="button"  name="butt" value="Umfang berechnen"
        onclick="document.form1.umf.value =
                      6.28*eval(document.form1.rad.value);">
      <p><input type="reset"  value="Abbrechen"></p>
    </td>
  </tr>

  <tr>
    <td align="right">Umfang:</td>
    <td><input type="text" name="umf" size="20"
        onfocus="document.form1.butt.focus();"></td>
  </tr>
</table></form></body></html>
```

Ich habe den JavaScript-Code fett und das wichtige Objekt *document* schräg hervorgehoben. Dieses Objekt werde ich jetzt erklären.

Das Objekt *document*

Der **Client-Bereich** des Browser ist der Teil zwischen den Menü- und Symbolleisten oben und der Statuszeile unten. Hier befindet sich die gerade ausgewählte HTML-Datei. Deren Darstellung beginnt beim Tag <*body usw.*> und endet bei </*body*>. Jede Datei ist objektorientiert gesprochen ein Objekt der Klasse HTML-Dateien. Diesem Objekt wird der feste Name **document** zugewiesen. Sie dürfen also beim Tag für <*body*> nicht die Eigenschaft *name* setzen, da der Name schon feststeht, eben *document.*

Das Objekt *document* hat wie alle Objekte Eigenschaften, manche davon sind selbst Objekte, wie die Formulare und die Bildfelder. Es gibt aber auch simple Eigenschaften wie *location* und *lastModified.* Der Wert der Eigenschaft *location* ist der URL der zugehörigen HTML-Datei. Der Wert der Eigenschaft *lastModified* ist das Datum der letzten Änderung des Quelltextes in amerikanischem Format, also Monat/Tag/Jahr.

Formulare sind Eigenschaften des Objekts *document.* Dokumente können beliebig viele Formulare haben, begnügen sich aber meist mit einem. Die Formularelemente befinden sich innerhalb der Tags <*form*> und </*form*>.

Das Objekt *document* steht nicht an der Spitze der Hierarchie, denn es ist in das Objekt *window* eingebettet. Dieses Objekt repräsentiert das ganze Browserfenster, während *document* nur für den Client-Bereich steht.

Formularelemente

Unser geschätzter Anwender wird einen Wert für den Radius eingeben und danach die Schaltfläche drücken. Der Wert des Umfangs erscheint dann im Textfeld *umf.* Das Drücken der Schaltfläche löst das Ereignis *onclick* dieser Schaltfläche aus. Der Browser führt dann die Anweisungen aus, die Wert des Ereignisses *onclick* sind. In diesem Beispiel somit:

```
document.form1.umf.value = 6.28*eval(document.form1.rad.value);
```

Ein Formularelement ist einerseits Eigenschaft eines Formulars und andererseits selbst ein Objekt mit Eigenschaften wie *name* und *value*. In allen objektorientierten Sprachen erhält man die Werte von Eigenschaften über den Punktoperator:

```
objektname.eigenschaftsname
```

Dabei sind Objekt und die Eigenschaft durch einen Punkt getrennt. Deshalb ist *value* eine Eigenschaft des Steuerelementes *umf,* welches selbst Eigenschaft des Formulars *form1* ist und dieses ist Eigenschaft des Objektes *document.*

Den Rest kann man einfach erklären. Der Umfang eines Kreises mit Radius r ist $2\pi r$, also ungefähr 6.28r. Dieser Wert soll im Textfeld *umf* stehen, dies erreiche ich durch

```
document.form1.umf.value = 6.28* eval(document.form1.rad.value);
```

Der Anwender gibt scheinbar eine Zahl in das Textfeld *rad* ein, doch diese wird als Zeichenkette interpretiert, deren Zeichen zufällig alle numerisch sind. Die Funktion *eval(Zeichenkette)* wandelt die Zeichenkette in eine Zahl um.

Simulierte Ereignisse

Das Ereignis *onchange* wird bei Textfeldern ausgelöst, wenn deren Inhalt sich ändert. Die meisten Browser werden allerdings erst munter, wenn der Anwender den Mauszeiger auf einen Bereich außerhalb des Textfeldes setzt und klickt.

Sobald der Anwender den Wert des Radius verändert, ist eine Neuberechnung des Umfangs nötig, daher muss das Ereignis *onchange* des Textfeldes dieselbe Folge haben wie das Ereignis *onclick* der Schaltfläche. Ich hätte daher den Code einfach kopieren können, bin aber aus didaktischen Gründen einen anderen Weg gegangen. Das Ereignis *onchange* delegiert die Rechenarbeit an das Ereignis *onclick* der Schaltfläche *butt.*

Zu jedem Ereignis eines Formularelementes stellt JavaScript eine zugehörige Methode bereit, deren Name bis auf das *on* mit dem Ereignisnamen übereinstimmt. Methoden benötigen am Ende ein Paar von runden Klammern. Methoden werden über Objekte aufgerufen, wobei auch hier der Punktoperator das Objekt von der Methode

trennt. Die Methoden der Formularelemente heißen *click()*, *focus()* und *blur()* und lösen
das entsprechende Ereignis aus, ohne Zutun des Anwenders. Die Ereignisse werden
über diese Methoden also simuliert. Die Anweisung

```
document.form1.butt.click();"
```

im onchange-Ereignis des Textfeldes *rad* löst deshalb das Ereignis *onclick* der Schaltfläche *butt* aus und damit die Berechnung und Ausgabe des Umfangs.

Die Methoden *focus()* und *blur()* geben bzw. nehmen dem entsprechenden Formularelement den Focus. Das Formularelement *umf* enthält das Ergebnis der Rechnung.
Der Anwender hat keinen Zugriff, da beim Ereignis *onfocus* der folgende Code ausgeführt wird:

```
document.form1.butt.focus();"
```

womit die Schaltfläche *butt* den Focus erhält.

Onmouseover und *onmouseout*

Neben dem Anklicken kann eine Maus auch über Objekte streifen und sie dann wieder verlassen. Die Maus löst damit die Ereignisse *onmouseover* und *onmouseout* aus. In
der obigen Abbildung sehen Sie drei Logos von deutschen Journalen, die Maus liegt
gerade über dem Spiegel. Jedes Logo ist ein Bild, das gleichzeitig als Verweis dient,
erkennbar an den Rändern. Das ausgewählte Logo ist optisch hervor gehoben. Dafür
brauche ich von jedem Logo eine helle und eine dunkle Version. Sobald die Maus
über einem Logo liegt, erscheint das helle Logo, zieht die Maus ab, werden die Logos
wieder vertauscht. Die **Bildfelder** sind Eigenschaften des Objekts *document* und
erhalten hier die Namen *logo0*, *logo1* und *logo2*. Entsprechend bezeichne ich die Inhalte
mit *logo0_act.gif*, *logo1_act.gif* und *logo2_act.gif* bzw. *logo0_pas.gif*, *logo1_pas.gif* und *lo-
go2_pas.gif*, wobei *act* für hell und *pas* für dunkel stehen. Bei den Mausereignissen
muss nur die Quelle(*src*) des entsprechenden Bildfelds ausgetauscht werden:

```
<a href="http://www.focus.de"
   onmouseover="document.logo0.src='logo0_act.gif';"
   onmouseout="document.logo0.src='logo0_pas.gif';">
 <img name="logo0" src="logo0_pas.gif" width="100" height="63">
 </a>
```

Das Bildfeld wird wie üblich durch das Tag *<img usw.>* erzeugt und mit dem passiven Bild geladen. Zur Identifikation bekommt es über das Attribut *name* einen eindeutigen Bezeichner, hier *logo0*. Das Bild steht zwischen den Ankertags *<a href="http://www.focus.de" usw.>* und *</a>*. Anker sind gefühlvoll und bemerken das Erscheinen und Verschwinden der Maus. Die beiden Ereignisse heißen *onmouseover* und *onmouseout*. Der Anker bearbeitet die beiden Ereignisse, optisch aber entsteht der Eindruck, als wäre das Bildfeld aktiv.

Liegt die Maus über dem Bild, wird der Wert der Eigenschaft *src* geändert. Der Wert dieser Eigenschaft ist der Namen der darzustellenden Bilddatei, somit wird durch die Anweisung

```
onmouseover="document.logo0.src='logo0_act.gif';"
```

das Bild getauscht.

Bilder gehören nicht zu einem Formular, sondern sind direkt Eigenschaften des Objekts *document*.

Wenn die Maus das Bild und damit den Anker verlässt, wird das Ereignis *onmouseout* ausgelöst und wieder das passive Bild geladen. Dateinamen sind aus der Sicht von JavaScript Zeichenketten und diese müssen in Anführungsstrichen oder in Apostrophen stehen. Da aus der Sicht von HTML bereits die Anweisung in Anführungsstrichen steht, muss ich Apostrophe verwenden.

Der gesamte Quelltext lautet *kapitel5/journale.htm*:

```
<html><head><title>Illustrierte</title></head>

<body><form name="form1"><font face="tahoma">
<h4> Klick Dich durch die Welt der Magazine</h4>
<table>
<tr>
 <td>
   <a href="http://www.focus.de"
    onmouseover="document.logo0.src='logo0_act.gif';"
    onmouseout="document.logo0.src='logo0_pas.gif';">
   <img name="logo0" src="logo0_pas.gif" width="100" height="63">
   </a></td>
 <td>
   <a href="http://www.spiegel.de"
    onmouseover="document.logo1.src='logo1_act.gif';"
    onmouseout="document.logo1.src='logo1_pas.gif';">
   <img name="logo1" src="logo1_pas.gif" width="100" height="63">
   </a> </td>
 <td>
   <a href="http://www.bunte.de"
    onmouseover="document.logo2.src = 'logo2_act.gif';"
    onmouseout="document.logo2.src = 'logo2_pas.gif';">
   <img name="logo2" src="logo2_pas.gif" width="100" height="63">
   </a> </td>
```

```
</tr>
</table>
</font></form></body></html>
```

Map und Area

Oft wird ein Bild in verschiedene Bereiche eingeteilt, wobei jeder Bereich wie ein Anker wirkt, also die Eigenschaften *href, onmouseout* und *onmouseover* hat. Die Definition eines rechteckigen Ausschnitts erfolgt über das Tag *<area>* :

```
<area shape="rect" coords="0,0,49,22" href="http://www.cdu.de"
    onmouseover="document.parteien.src='cdu.gif';"
    onmouseout="document.parteien.src='alle.gif';">
```

Die Koordinaten des Bereiches werden über das Attribut *coords* festgelegt, und zwar zunächst die linke obere Ecke und dann die rechte untere Ecke. Die vier Koordinaten müssen in Anführungsstrichen stehen und werden durch Kommas **ohne Leerzeichen** getrennt. Die Koordinaten beziehen sich immer auf das Bild, nicht auf das Dokument und die Angabe erfolgt in Pixel. Man muss die Abmessungen des Bildes also genau kennen. Die linke obere Ecke des gesamten Bildes hat die Koordinaten (0,0), von hier wird horizontal von links nach rechts und vertikal von oben nach unten positiv gezählt. Der obige Ausschnitt hat eine Breite von 50 und eine Höhe von 23 Pixel. Das Tag *<area>* hat sonst dieselben Attribute wie das Tag *<a>*, also *href, onmouseover* und *onmouseout.* .

Die mit *<area>* abgesteckten Bereiche werden innerhalb der Map-Tags *<map>* und *</map>* definiert, wobei die Map (=Karte) einen Namen erhalten muss, worauf im Bild dann über die Eigenschaft *usemap* Bezug genommen wird. Achten Sie dabei auf das Lattenkreuz vor dem Namen der Karte.

Das Zusammenspiel der Tags *<img>*, *<map>* und *<area>* verläuft nach diesem Schema:

```
<img src="alle.gif" usemap="#karte1" usw.><!--mit Lattenkreuz-->
<map name="karte1"> <!-- ohne Lattenkreuz -->
  <area usw.>
  <area usw.>
</map>
```

Im obigen Beispiel ist das Bild *alle.gif* 50 Pixel breit und 69 Pixel hoch und es wird in drei 23 Pixel hohe Bereiche eingeteilt. Jeder Bereich hat wie ein Anker einen eigenen Verweis. Damit die ausgewählte Option hervorsticht, wird das Bild *alle.gif* ausgetauscht gegen eines, wo die ausgewählte Partei weiß auf schwarz erscheint. In der Abbildung trifft dies auf die CDU zu. Daher ist die Bilddatei *cdu.gif* aktiv.

Datei *kapitel5/parteien.htm*:

```html
<html><head><title>Map-Beispiel</title></head>
<style type="text/css">
body{font-family:arial; font-size:10pt;} address{font-size:9pt;}
</style></head>
<body>
<img src ="alle.gif" name="parteien" width="50" height="69"
     border="0" usemap="#karte1"  align="right">

Wechseln Sie bequem zu den Seiten der folgenden Parteien
<map name="karte1">
  <area shape="rect" coords="0,0,49,22" href="http://www.cdu.de"
    onmouseover="document.parteien.src='cdu.gif';"
    onmouseout="document.parteien.src='alle.gif';">

  <area shape="rect" coords="0,23,49,45" href="http://www.spd.de"
    onmouseover="document.parteien.src='spd.gif';"
    onmouseout ="document.parteien.src ='alle.gif';">

  <area shape="rect" coords="0,46,49,68" href="http://www.fdp.de"
    onmouseover="document.parteien.src='fdp.gif';"
    onmouseout="document.parteien.src='alle.gif';">
</map>

<p><address>Dokument:
<script language="JavaScript">
document.write(document.location);
</script>
<br>Letzte &Auml;nderung:
<script>document.write(document.lastModified);</script>
</address>
</html>
```

Der fett dargestellte Code bringt den URL und das Datum der letzten Änderung auf die Seite, und zwar durch die direkte Einbindung von JavaScript.

Direkte Einbindung von JavaScript

JavaScript trat bisher nur in Verbindung mit Ereignissen auf. Eine weitere Möglichkeit bietet das Tag *<script>*. Zwischen diesem und dem entsprechenden Endtag *</script>* steht der JavaScript-Code. Die beiden Tags trennen also JavaScript und HTML. Meist gibt man die verwendete Scriptsprache als Attribut an:

```html
<script language="JavaScript">
```

Der Internet-Explorer erlaubt auch die Verwendung von Visual Basic, aber diese
Sprache spielt in diesem Zusammenhang keine große Rolle. Im obigen Beispiel wird
JavaScript eingesetzt, um den URL und das Datum der letzten Veränderung der
Quelldatei auszugeben. Diese Angaben stehen in den Attributen *location* und *lastModi-
fied* des Objekts *document*.

Die Ausgabe erledigt die **Methode** *write()* dieses Objekts. Methoden eines Objekts
erfüllen bestimmte Aufgaben. Der Aufruf erfolgt wie bei Eigenschaften über den
Punktoperator. Erst kommt der Name des Objekts und dann durch einen Punkt
getrennt der Name der Methode. Methoden sind leicht an den obligatorischen runden Klammern von Eigenschaften zu unterscheiden.

Aufruf von JavaScript über Anker

JavaScript kam bisher über ein Ereignis oder über das Tag *<script>* ins Spiel. Wir
können aber auch Anker einsetzen. Diese haben dann die Form

```
<a href="JavaScript:JavaScript-Code;">Text oder Bild</a>
```

Anstatt eines gewöhnlichen Verweises wird über das Schlüsselwort *JavaScript:* der
JavaScript-Code ausgeführt. *JavaScript:* wird ein **Pseudo-URL** genannt. Man setzt
diese Art immer dann ein, wenn man statt der grauen langweiligen Schaltflächen lie-
ber Bilder oder einen Text verwenden will. Im folgenden Beispiel rechne ich die eu-
ropäische Temperaturskala Celsius in die amerikanische Einheit Fahrenheit um. Als
Symbol für Europa setze ich ein Bild des Eifelturms ein und für Amerika steht die
Golden Gate Bridge. 0° Celsius sind 32° Fahrenheit und 100° Celsius sind 212° Fah-
renheit. Die Umrechnung erfordert ein klein wenig Mathematk. Die 100 Einheiten in
Europa zwischen Gefrier- und Siedepunkt des Wassers sind in den USA auf 180
Einheiten von 32° bis 212° aufgeteilt, also entspricht ein Celsiusgrad 1.8° Fahrenheit.
Da aber auch der Nullpunkt verschieden ist, muss noch 32 addiert werden. Bei der
Rückrechnung wird entsprechend durch 1.8 geteilt.

Achten Sie darauf, dass nicht die Bilder, sondern die Anker JavaScript ins Spiel bringen:

Datei *kapitel5/celsfahr.htm*:

```
<html><head><title>Temperaturskalen</title>
<style type="text/css">
body,table,input,td,th {font-family:tahoma;
                        font-size:9pt;background:silver}
</style></head>

<body><form name="form1">
Geben Sie entweder eine Temperatur in Celsius oder in Fahrenheit
ein. Dr&uuml;cken Sie den Eifelturm f&uuml;r die Umrechnung in
Celsius oder die Golden Gate Bridge f&uuml;r die Umrechnung in
Fahrenheit!<br>

<table border="0" cellpadding="5" cellspacing="0">
```

```
<tr>
  <th >Skala</th>
  <th >Werte</th>
  <td rowspan="3">
   <a href="JavaScript:f = document.form1;
             f.cels.value= (eval(f.fahr.value) - 32)/1.8;
             f.cels.focus();"
       onmouseover="document.paris.src = 'paris_a.gif';"
       onmouseout="document.paris.src = 'paris_p.gif';">
    <img name ="paris" src="paris_p.gif" border="0"></a>
      
    <a href="JavaScript: f = document.form1;
             f.fahr.value = 32 + 1.8*eval(f.cels.value);
             f.fahr.focus();"
       onmouseover="document.sanfran.src='sanfran_a.gif';"
       onmousemut="document.sanfran.src='sanfran_p.gif';">
    <img name="sanfran" src="sanfran_p.gif" border="0"></a>
  </td>
</tr>

<tr>
  <td>Celsius: </td>
  <td>
    <input type="text" name="cels" value="16" size="10">
  </td>
</tr>

<tr>
  <td>Fahrenheit: </td>
  <td>
    <input  type="text" name="fahr" value="61"  size="10">
  </td>
</tr>
</table></form></body></html>
```

Das sieht dann so aus:

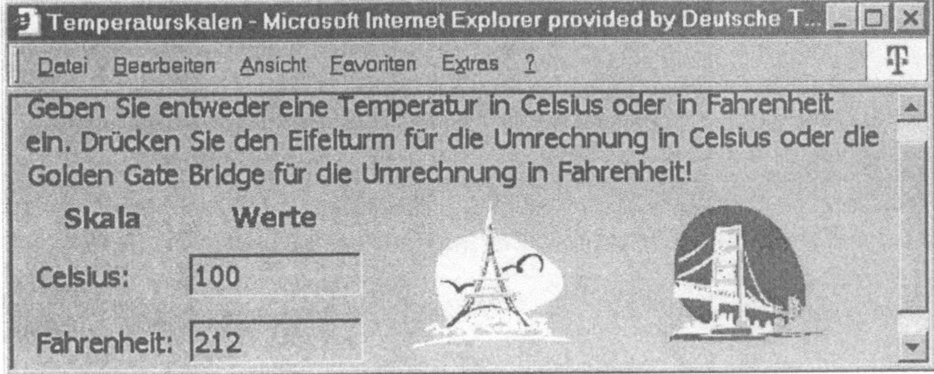

Der Instanzenweg zu den Eigenschaften von Formularelementen erfordert jedes Mal
die lästige Kette über *document.form1*. Mit der fett dargestellten Anweisung

```
f = document.form1;
```

zeige ich *f* als Referenz für *document.form1* an. Danach kann ich *document.form1* immer durch *f* ersetzen.

Es gibt zwei Anker und zwei Textfelder. Sobald die Maus auf einem der beiden Bilder liegt, wird dieses durch ein helleres ausgetauscht. Zur Umrechnung muss das ausgewählte Bild angeklickt werden, wodurch der entsprechende Anker den Focus und den erwähnten gepunkteten Rahmen erhält. Dieser verschwindet aber sofort wieder, da der Anker in der Ereignisbehandlungsroutine den Focus an eines der beiden Textfelder abgibt, und zwar durch die Methode *focus()*:

```
f.cels.focus(); bzw. f.fahr.focus();
```

Aufgaben

Aufgabe 1. Schreiben Sie ein Programm, das den Anwender auffordert einen Betrag in DM einzugeben, der dann in EURO (=1.95583 DM) umgewandelt wird.

Aufgabe 2. Schreiben Sie eine Seite, welche die Hauptstädte von Frankreich, Italien und England abbildet und die entsprechenden Namen in einem Textfeld anzeigt, wenn die Maus über der Stadt liegt. Sonst soll das Textfeld leer sein.

Aufgabe 3. Verändern Sie die Dateien *parteien.htm* und *journale.htm* so, dass neben bzw. über dem ausgewählten Objekt ein Pfeil erscheint.

6 Grundlagen von JavaScript

JavaScript ist eine Programmiersprache, die speziell für das Web entwickelt wurde. Sie baut auf die Syntax der weit verbreiteten Programmiersprache C auf, ist aber einfacher zu erlernen. Es gibt nur drei Datentypen, und zwar für Zahlen und Zeichenketten sowie für logische Ausdrücke. Der Code wird nach strengen Regeln in einer an die englische Sprache angelehnten Pseudosprache geschrieben und vom Browser ausgewertet.

Ausführung von JavaScript-Programmen

Wie alle höheren Programmiersprachen ist auch JavaScript auf einen Compiler oder Interpreter angewiesen, der die Quelltexte in eine für den Computer verständliche Sprache übersetzt. JavaScript ist eine Interpreter- oder Scriptsprache, deren Code nicht in ein eigenständiges Binärprogramm übersetzt, sondern zeilenweise interpretiert wird. Der Interpreter ist Teil des Browsers und erwartet die Einhaltung von genauen Syntaxregeln, sonst wird die Bearbeitung abgebrochen.

Ein Beispielprogramm

Das folgende Beispiel wird uns das ganze Kapitel beschäftigen. Der Anwender kann zwei Spielkarten auf- und zudecken, der Gesamtwert der aufgedeckten Karten wird angezeigt. Die beiden Karten sind Pikbube und Pikdame mit den Werten zwei und drei. Ich benötige drei Bilder, und zwar für die beiden Karten und die Rückseite. Die Bilder erscheinen in zwei Bildfeldern. Über die Eigenschaft *src* werden Vor- und Rückseite vertauscht. Gesteuert werden die Inhalte der beiden Bildfelder von zwei Kontrollkästchen:

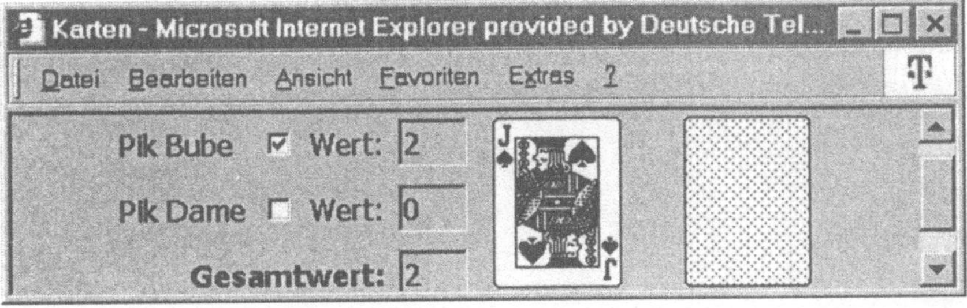

Der Bube wird gezeigt, die Dame bleibt züchtig verhüllt. Zunächst gehe ich auf die neue Klasse von Formularelementen ein, nämlich die der Kontrollkästchen.

Kontrollkästchen

Sie werden auch Checkboxen genannt, weil sie an- und ausgeschaltet sein können. Abhängig davon erscheinen sie mit oder ohne Häkchen. Die hervorstechende Eigen-

schaft dieser Steuerelemente heißt folgerichtig *checked* mit den Werten *true* und *false*.
Wie alle Steuerelemente haben Kontrollkästchen die Eigenschaften *name* und *value*.
Kontrollkästchen empfangen die Nachricht *onclick* und können darauf mit JavaScript-
Code antworten. Die Realisierung eines Kontrollkästchens innerhalb eines Formulars
geschieht wie üblich über einen Tag, und zwar aus der Inputfamilie:

```
<input type="checkbox" name="pikbube" value="2" checked
    onclick="Rechnen();" >
```

Das Kontrollkästchen wird anfänglich ausgewählt erscheinen, da *checked* innerhalb
des Tags gesetzt ist. Der Programmierer kann die Eigenschaft *value* setzen und lesen,
wobei dies aber dem Anwender verborgen bleibt. Das obige Kontrollkästchen hat
den Wert *value="2"*, die Anzeige des Werts 2 im Textfeld *wert1* ermöglicht folgender
Code:

```
f = document.form1;
if(f.pikbube.checked) f.wert1.value = f.pikbube.value;
else f.wert1.value = 0;
```

Auch hier benutze ich die Referenz *f = document.form1;* und erspare mir Schreibarbeit.

Ich komme auf die bedingten Anweisungen mit *if* noch zurück, intuitiv bedeutet diese Anweisung: wenn das Kontrollkästchen ausgewählt ist, dann führe die nachfolgende Anweisung aus, sonst die andere. Ist das Kontrollkästchen ausgewählt, muss
zusätzlich noch der Pikbube aufgedeckt werden. Ich werfe Sie jetzt ins kalte Wasser
und gebe den ganzen Code an:

Der Code im Überblick

Datei *kapitel6 / bubedame.htm*:

```
<html><head><title>Karten</title>
<style>body,table,input,td {font-family: tahoma;
font-size: x-small;background:silver;}</style>
<script language="JavaScript">

function Rechnen()
{
  var w1, w2;
  f = document.form1;
  if(f.pikbube.checked)
  {
    document.bild1.src = "card21.gif";
    w1 = 2;
  }
  else
  {
    document.bild1.src = "card0.gif";
    w1 = 0;
  }

  if(f.pikdame.checked)
```

```
    {
      document.bild2.src = "card22.gif";
      w2 = 3;
    }
    else
    {
      document.bild2.src = "card0.gif";
      w2 = 0;
    }

    f.wert1.value = w1;
    f.wert2.value = w2;
    f.gwert.value = w1 + w2;
}
</script>
</head>
<body><form name="form1">
<table border="0"  align="center">
   <tr>
      <td>Pik Bube</td>
      <td><input type="checkbox" name="pikbube" value="2"
           onclick="Rechnen();"></td>
      <td>Wert:</td>
      <td width="45"> <input type="text" name="wert1" size="1"></td>
      <td rowspan="3">
        <img name="bild1" src="card0.gif" border="0">
             
        <img name="bild2" src="card0.gif" border="0"></td>
   </tr><tr>
      <td>Pik Dame</td>
      <td><input type="checkbox" name="pikdame" value="3"
           onclick="Rechnen();"></td>
      <td>Wert:</td>
      <td> <input type="text" name="wert2" size="1"></td>
   </tr><tr>
      <td colspan="3" align="right">Gesamtwert:</td>
      <td><input type="text" name="gwert" size="1"></td>
   <tr>
</table></form></body></html>
```

Funktionen

Die beiden Kontrollkästchen lösen über die Maus die Ereignisse *onclick* aus. Der JavaScript-Code ist ziemlich lang und wird übersichtlich in einer Funktion gebündelt.
Der Code der Funktion *Rechnen()* steht im Header, die einzige Anweisung der beiden
onclick-Ereignisse ist der Aufruf der Funktion. Nach dem Aufruf werden die Anweisungen der Funktion ausgeführt. Funktionen werden gewissermaßen auf Vorrat geschrieben, der Code wird nur ausgeführt, wenn ein Ereignis oder eine andere Funktion die Funktion aufrufen. Daher ist es auch egal, wo der Code der Funktion steht.
Funktionen können beliebig oft aufgerufen werden, die Funktion *Rechnen()* wird beispielsweise von zwei unterschiedlichen Ereignissen aufgerufen. Wie bereits erwähnt,

steht der Code meist im Header, er darf aber an jeder Stelle eingefügt werden und benötigt immer die Tags *<script>* und *</script>* zur Abgrenzung von HTML.

Syntaktisch haben Funktionen die Grundform:

```
function Name_der_Funktion(Parameterliste)
{
    Anweisungen;
}
```

Funktionen haben einen **Kopf,** der aus dem Schlüsselwort **function**, dem Namen und der Parameterliste besteht, und einen **Rumpf**, der durch geschweifte Klammern { } begrenzt wird. Innerhalb des Rumpfs befinden sich die Anweisungen. Durch *return wert;* kann die Funktion Werte zurückgeben, etwa *return 2*pi*r.* Funktionen sind so wichtig, dass ihnen ein eigenes Kapitel gewidmet wird. Zunächst werden wir nur Funktionen ohne Parameter und ohne Rückgabewert benötigen.

Sie dürfen aber niemals die runden Klammern weglassen!

Variablendeklaration

Variablen stehen für Bezeichner, denen im Programm ein konstanter Speicherbereich für die Aufnahme von Werten zugewiesen wird. Der Name Variable rührt daher, dass sich diese Werte im Verlauf des Programms verändern. Die Größe des Speicherbereichs richtet sich nach dem Datentyp der Variablen.

Variablen sind nur innerhalb der Funktion gültig, in der sie definiert wurden.

Variablen sollten innerhalb einer Funktion immer ganz oben vor allen anderen Anweisungen deklariert werden.

Die **Deklaration von Variablen** geschieht wie in den folgenden Beispielen:

```
var w1, w2;
var a = 12.2;
var str = "Helmut";
```

Die beiden Variablen *w1* und *w2* werden nur definiert, aber sie haben noch keinen sinnvollen Wert übernommen. Die Variablen *a* und *str* werden gleich bei der Deklaration mit Werten initialisiert.

JavaScript ist anders als C oder Pascal keine streng typisierte Sprache, daher können Variablen auch Werte unterschiedlicher Basistypen annehmen, aber sinnvoll ist das nicht. Das Schlüsselwort *var* wird meist weggelassen.

Format und Zeichenvorrat

JavaScript-Programme erfordern kein bestimmtes Format. Eine Funktion könnte in einer einzigen Zeile geschrieben werden:

```
function Rechnen(){var w1, w2; f = document.form1;usw.}
```

Trotzdem sollten Sie sich an folgende Prinzipien halten

- Pro Anweisung eine Zeile.

- Nach jeder geschweiften Klammer { werden die nachfolgenden Anweisungen eingerückt.

- Die zugehörige schließende Klammer } steht in der gleichen Spalte wie die öffnende {. Die folgenden Anweisungen beginnen ebenfalls in dieser Spalte.

Lesen Sie bitte den Code des Beispielprogramms auf Seite 70 noch einmal durch - Sie werden erkennen, wie die obigen Prinzipien die Lesbarkeit begünstigen.

Im Gegensatz zu BASIC oder PASCAL und auch HTML unterscheidet JavaScript zwischen großen und kleinen Buchstaben! Pauken Sie sich folgenden Spruch ein:

Große Buchstaben sind große Buchstaben, kleine Buchstaben sind kleine Buchstaben.

Der Interpreter des Internet Explorers unterscheidet dagegen nicht zwischen großen und kleinen Buchstaben. Trotzdem sollten Sie sich aus Kompatibilitätsgründen an die strenge Regel halten.

Der Zeichenvorrat umfasst drei Gruppen:

- Lateinische Buchstaben: a...z und A...Z, aber keine Umlaute wie ä oder Ü

- Arabische Ziffern: 0, 1, ..., 9.

- Sonderzeichen:

```
;    ,    .    :    '    "
+    -    *    /    %    \
?    <    >    |    &    ^
(    )    {    }    [    ]
```

- Auf der Tastatur nicht vorhandene Spezialzeichen, sogenannte *escape sequence* entsprechend der folgenden Tabelle:

Beschreibung	Zeichen	Beschreibung	Zeichen
Backspace	\b	*Tabulator*	\t
Seitenvorschub	\f	*Backslash*	\\
neue Zeile	\n	*Apostroph*	\'
Zeilenrücklauf	\r	*Anführungszeichen*	\"

Bezeichner (identifier)

Diese beginnen mit einem Buchstaben, gefolgt von weiteren Buchstaben oder Ziffern und sollten nicht länger als 20 Zeichen sein. Gültige **Bezeichner** sind somit *Xxx12, xXX12, Xxx12*, und diese sind eigentlich alle verschieden, da in JavaScript zwischen großen und kleinen Buchstaben unterschieden wird. Da aber der Browser von Microsoft doch nicht zwischen großen und kleinen Buchstaben unterscheidet, sollten sich Bezeichner mindestens in einem Zeichen unterscheiden, also etwa *Xxx12, xXX13, Xxx14*. Falsch sind dagegen *_???, 92X* oder *-X*.

Bezeichner stehen für

- **Variablen**, z.B. *var x, y;*

- **Funktionsnamen**, z.B. *function sum() {...}*

Bezeichner sollten aussagekräftig, aber trotzdem nicht zu lang sein, und sie dürfen nicht mit Schlüsselworten wie *if* übereinstimmen.

Schlüsselworte

Jede Programmiersprache hat reservierte **Schlüsselworte**, die vom Programmierer nicht als Bezeichner verwendet werden dürfen. Einige davon kennen Sie bereits, etwa *if* oder *else*. In der folgenden Tabelle habe ich die wichtigsten Schlüsselworte aufgelistet.

break	*case*	*continue*	*do*	*else*
else if	*false*	*for*	*goto*	*if*
return	*switch*	*this*	*true*	*while*

Ausdrücke und Anweisungen

Ein **Ausdruck** entsteht aus Konstanten, Variablen sowie anderen Ausdrücken und Operatoren und hat in JavaScript immer einen **Wert** und einen **Typ**. Je nach Typ des Ausdrucks und der Art der beteiligten Operatoren wird zwischen **arithmetischen**, **logischen** und **Zeichenketten**-Ausdrücken unterschieden. Durch das abschließende Semikolon wird aus einem gültigen Ausdruck eine **Anweisung**. Gültige Ausdrücke sind:

Ausdruck	Bemerkung	Wert
3	Eine Konstante ist ein Ausdruck	3
x="Gerd"	Eine Zuweisung ist ein Ausdruck	*"Gerd"*
3/4	ganzzahlige Division gibt es in JavaScript nicht!	0.75
12/5 < 3	arithmetischer Vergleich	*true*
"Helle"<"Gerd"	Vergleich von Zeichenketten	*false*
i = b = 2;	*(b = 2)* ist Ausdruck mit Wert 2, der danach *i* zugewiesen wird.	2

Bedingte Anweisungen

Kontrollkästchen haben nur zwei Zustände, nämlich aus- oder abgewählt. Das zugehörige Attribut heißt *checked*. Dieses Attribut hat die Werte *true* und *false*. Um den Zustand abzufragen, wird die **bedingte Anweisung** benötigt. Die allgemeine Form lautet:

```
if (logischer Ausdruck) Anweisung;
```

Dabei ist der logische Ausdruck in Klammern zu setzen. Die nachfolgende Anweisung wird nur ausgeführt, wenn der Wert des logischen Ausdrucks *true* ist. Die meisten logischen Ausdrücke entstehen aus arithmetischen Vergleichen von zwei numerischen Ausdrücken. Eine solche Bedingung ist ein Ausdruck, der wie in der zweiwertigen Logik üblich nur *true* oder *false* sein kann. Der Zustand eines Kontrollkästchens wird wie folgt ermittelt:

```
if (f.pikbube.checked) Anweisung;
```

Die Anweisung wird nur ausgeführt, wenn das Kontrollkästchen *pikbube* ein Häkchen schmückt.

Was soll man aber tun, wenn mehrere Anweisungen nur unter der gleichen Bedingung ausgeführt werden sollen? Dazu benötigen wir Blöcke.

Blöcke

Mehrere Anweisungen können durch geschweifte Klammern { } zu einem **Block** zusammengefasst werden. Funktionsrümpfe bilden etwa einen Block. Blöcke dürfen innerhalb eines anderen Blocks stehen. Folgt auf die if-Anweisung ein ganzer Block

```
if (f.pikbube.checked)
{
    document.bild1.src = "card21.gif";
    w1 = parseInt(f.pikbube.value);
}
```

so werden alle Anweisungen des Blocks nur ausgeführt, wenn der logische Ausdruck innerhalb der runden Klammern den Wert *true* hat.

Bitte achten Sie auf die allgemein übliche Schreibweise. Die geschweiften Klammern stehen übereinander in der gleichen Spalte wie das i von *if*. Die nachfolgenden Anweisungen werden zwei bis drei Spalten eingerückt.

if...else Anweisung

Die einseitige Alternative mit *if(Bedingung)* führt die folgende Anweisung bzw. den Anweisungsblock aus, wenn die Bedingung wahr ist. Ist die Bedingung falsch, werden die Anweisungen übersprungen. Wie in der Umgangssprache gibt es aber auch die echte Alternative. Bestimmte Handlungen werden bei Erfüllung der Bedingung ausgeführt, sonst aber wird etwas anderes getan. Diese „wenn(Bedingung) dann... sonst...“ Form bietet auch die Syntax von JavaScript an:

```
if(Bedingung)
{
    Anweisung(en);
}
else
{
    Anweisung(en);
}
```

Die geschweiften Klammern sind nicht nötig, wenn auf *if* oder *else* nur eine Anweisung folgt. Es dürfen auch mehrere if...else-Blöcke ineinander verschachtelt sein. Wie bei der Klammersetzung gehört der erste else-Teil zum letzten if-Teil und so setzt sich das von innen nach außen fort. Daher ist es besonders wichtig, durch die Einrückungen zusammengehörende Blöcke auch optisch deutlich zu machen. Ich rate Ihnen allerdings dringend, nicht mehr als drei if...else-Blöcke zu verschachteln.

Im Code der Funktion *Rechnen()* befindet sich dieser Code:

```
if(f.pikbube.checked)
{
  document.bild1.src = "card21.gif";
  w1 = 2;
}
else
{
  document.bild1.src = "card0.gif";
  w1 = 0;
}
```

Die Kartenbilder stehen in den Dateien *card0.gif* bis *card32.gif*. Dabei ist *card0.gif* die Rückseite der Karten, dann folgen in den Dateien *card1.gif* bis *card8.gif* die acht Karten von Karo, also Karo 7 bis Karo Ass. Dann kommen die acht Dateien für Herz, gefolgt von Pik und Kreuz. Die Datei *card21.gif* zeigt daher den Pikbuben, entsprechend bildet *card22.gif* die Pikdame ab. Der Pikbube hat einen Wert von 2, die Pikdame zählt drei Augen.

Die Anweisung else if

Zwischen *if* und *else* können beliebig viele *else if* Anweisungen stehen:

```
if(Bedingung_1)
{
  Anweisung(en);
}
else if(Bedingung_2)
{
  Anweisung(en);
}
//usw.
else
{
  Anweisung(en);
}
```

Man beachte, dass auch nach *else if* eine Bedingung in Klammern stehen muss. Es werden der Reihe nach alle if- und else if-Bedingungen abgefragt. Bei Erfüllung der Bedingung wird der entsprechende Block bearbeitet und danach zur ersten Anweisung nach der Verzweigung gesprungen. Sollte keine Bedingung wahr sein, wird - falls vorhanden - der else-Block ausgeführt.

Kommentare

Kommentare beginnen mit // und erstrecken sich bis ans Zeilenende. Neben diesen **Zeilenkommentaren** gibt es noch die **Kommentarblöcke** oder **C-Kommentare**, die sich über beliebige Absätze erstrecken, wobei der Anfang mit /* und das Ende mit */ markiert sind. Kommentare werden vom Interpreter nicht beachtet, dienen aber dem Leser zum Verständnis und sind spätestens nach einem halben Jahr auch für den Programmierer wertvoll. Ein Beispiel zeige die beiden Möglichkeiten:

```
function Rechnen()
{
  /*
   Mehrzeiliger Komentar: Das folgende Programm usw.
   Blah, blah
   Blah, blah
  */
  var w1, w2; //Zwei Variablen (einzeiler Kommentar)
}
```

Kommentare dürfen nicht ineinander geschachtelt werden.

Aufgaben

Aufgabe 1: Mietspiegel in Entenhausen. Der arme Donald Duck ist nicht der einzige
Mieter, der unter den Machenschaften des unbarmherzigen Dagobert Duck leidet.
Dessen Raffgier hat der Rat der Stadt Entenhausen mit einem Mietspiegel nach dem
Muster des Mietspiegels von Heidelberg einen Riegel vorgeschoben. Die reine Kalt-
miete darf nur noch um höchstens 15% über der sogenannten Vergleichsmiete liegen. Diese errechnet sich zunächst über den vom Baujahr abhängigen Basiswert nach
der einfachen Formel

```
Basiswert = Wohnungsgröße*gp
```

wobei der Faktor *gp* vom Baujahr der Wohnung wie folgt abhängt:

Baujahr	*bis 1899*	*1900-1949*	*seit 1950*
gp	10	12	14

Dieser Basiswert ändert sich prozentual durch bestimmte Eigenschaften der Wohnung nach oben oder unten gemäß der folgenden Tabelle:

Eigenschaften	**Zu- und Abschläge**
Einzelöfen	-5%
Wintergarten	+8%
ohne Warmwasser	-31%
Etagentoilette	-15%
Maisonettewohnung	+8%

Die Vergleichsmiete einer 1955 erstellten, 78 m² großen Wohnung mit Einzelöfen,
Wintergarten und Etagentoilette beträgt somit:

```
78*14*(1 + (-5 + 8 -15 )/100) = 960,96 Taler
```

Erstellen Sie ein Formular, das die Vergleichsmiete berechnet.

Aufgabe 2. Sie spielen Reisebüro und bieten die Besichtigung von vier schönen
Städten wie Bochum, Liverpool usw. an, wobei auch mehrere Städte ausgewählt
werden können, was dann zu Preisnachlässen führt.

Aufgabe 3. Erstellen Sie ein Formular mit vier Textfeldern. Der Anwender wird
aufgefordert je eine Zahl in die ersten drei Textfelder einzugeben, das Formular ordnet die Zahlen der Größe nach an und gibt das Ergebnis im vierten Textfeld aus.

7 Operatoren

Ein **Operator** wie etwa +, -, * oder / verknüpft ein, zwei oder mehrere Operanden zu einem Ausdruck, dessen Wert sich aus den Werten der einzelnen Operanden ergibt. In JavaScript gibt es nur unäre (ein Operand), binäre (zwei Operanden) und ternäre (drei Operanden) Operatoren. Viele Operatoren sind mathematischer Natur und haben das in der Mathematik übliche Symbol. Wie in der Mathematik gibt es eine Vorrangliste, die über die Reihenfolge der Auswertung entscheidet. Es gilt wie üblich die Priorität von Multiplikation und Division über Addition und Subtraktion, Punktrechnung geht vor Strichrechnung. Die Auswertung wird durch Setzen von runden Klammern bestimmt, da diese höchste Priorität haben. Es gibt arithmetische, logische sowie bitweise Operatoren und Vergleichsoperatoren.

Basistypen

Abhängig vom Typ einer Variablen legt der Interpreter Speicherplatz an und erkennt unverträgliche Anweisungen. Die Basistypen von JavaScript stehen in der folgenden Tabelle:

Typ	Länge	Bereich
Zahlen	64 Bit	$1.7 * 10^{-308}$ bis $1.7 * 10^{+308}$
logisch	32	true, false
Zeichenketten	pro Zeichen ein Byte	"beliebiger text"

Obwohl JavaScript sich sonst an die Vorgaben von C hält, gibt es in JavaScript keinen Typ für ganze Zahlen!

Arithmetische Operatoren

Alle arithmetischen Operatoren haben Zahlen als Operanden.

Es gibt drei Arten von arithmetischen Operatoren:

- Der unäre **Vorzeichenoperator** - .

- Die aus der Algebra bekannten binären Operatoren für Addition, Subtraktion, Multiplikation, Division und Rest +, -, *, / und %.

- Die unären **Inkrement** und **Dekrementoperatoren** ++ und --.

Der sonderbare Operator ++ ist unär und erhöht den Wert jeder numerischen Variablen um 1. Entsprechend verringert der Dekrementoperator numerische Variablen um 1. Beide Operatoren können vor und nach der Variablen stehen und innerhalb von beliebigen Ausdrücken. Der unäre Operator ist dann ein **Seiteneffekt** des Ausdrucks. Dabei ist die Stellung von großer Bedeutung. Steht einer der beiden Operatoren vor dem Operanden, wird dieser zunächst um 1 erhöht (verringert) und dann wird der Ausdruck ausgewertet. Im anderen Fall wird zunächst der Ausdruck ausgewertet und dann die Variable verändert. Betrachten wir folgende Anweisungen:

```
a = 2;
i = ++a + 3;// a wird vor der Berechnung des Ausdrucks erhöht
a = 3 + i--;// i wird nach der Berechnung des Ausdrucks verringert
```

Hier haben i und a die Werte 5 und 9. Auf die erwähnten Seiteneffekte verzichte ich allerdings dankend und benutze ++ und -- nur alleinstehend. Daher übergehe ich auch die beliebten Denksportaufgaben, die sich mit sinnigen Ausdrücken wie $a = a--+++b;$ beschäftigen.

Der Zuweisungsoperator

Der **Zuweisungsoperator** ist das Gleichheitszeichen =. Selbst in diesem harmlosen Operator ist eine kleine Tücke für den Anfänger enthalten. Die Zuweisung

```
a = b + 3 + 3*f;
```

erfolgt wie in der Mathematik. Der Ausdruck auf der rechten Seite wird ausgewertet und der Wert wird der Variablen auf der linken Seite zugewiesen. Daher muss der Typ der Variablen auf der linken Seite mit dem Typ des Ausdrucks auf der rechten Seite übereinstimmen. Ist dies nicht der Fall, versucht der Interpreter den Wert des Ausdruckes auf der rechten Seite in den Typ der Variablen links umzuwandeln. Ist dies nach den Regeln der automatischen Typumwandlung nicht möglich, so wird die Übersetzung mit einer Fehlermeldung abgebrochen.

In fast allen Programmiersprachen sind aber auch Ausdrücke der Form

```
a = 3*a + 2;
```

erlaubt. In der Algebra wäre dies eine Gleichung für a mit der Lösung $a = -1$. In JavaScript aber wird zunächst der Ausdruck auf der rechten Seite mit dem *bisherigen* Wert von a berechnet und das Ergebnis wird der Variablen a als *neuer* Wert zugewiesen. Sei etwa 3 der alte Wert von a, so wird a durch diese Anweisung 11.

Wie alle Ausdrücke hat auch die Zuweisung ein Ergebnis, nämlich den zugewiesenen Wert, und dieser kann nun einer anderen Variablen zugewiesen werden, d.h., es sind innerhalb einer Anweisung viele Zuweisungen möglich. Die Auswertung geschieht dabei von rechts nach links:

```
a = b = c = 3*d + 1;
```

Alle drei Variablen haben jetzt den Wert *3*d + 1*.

Zuweisung durch Operatoren

In Programmen wird eine Variable sehr oft durch ihren alten Wert verändert, etwa

```
a = a*(2 + 3*b);
a = a + (4*i - 3);
```

In beiden Fällen ist die Variable auf der linken Seite der **erste** Operand des Operators rechts. Programmierer sind traditionell schreibfaul. Daher gibt es für jeden binären Operator *op* einen unären Zuweisungsoperator *op=*. Das sind insgesamt fünf Operatoren: .

```
+=, -=, *=, /= und %=
```

Dabei darf zwischen dem Operator und dem Gleichheitszeichen kein Leerzeichen stehen. Der fehlende erste Operand ist die Variable auf der linken Seite. Die obigen Anweisungen verkürzen sich damit auf

```
a *= (2 + 3*b);
a += (4*i -3);
```

Der unäre Operand beschreibt somit die **Veränderung** der Variablen durch den Operator vor dem Gleichheitszeichen.

Zeichenketten

Eine **Zeichenkette** besteht aus einer Folge von Zeichen. Konstante Zeichenketten werden in Anführungsstriche gesetzt, etwa *"Hallo"*. Zum offiziellen Standard von JavaScript gehört eine Klasse *String* für Zeichenketten. Der Name leitet sich von der englischen Bezeichnung für Zeichenketten ab. Der Operator + verknüpft zwei Strings durch Anhängen:

```
s = "Hallo";
t = s + " Welt";
```

Sollten Sie irgendwann die mit JavaScript eng verwandte Sprache Perl verwenden, merken Sie sich gut: In Perl werden Strings mit einem Punkt '.' und nicht mit '+' verbunden.

Der Operator += hängt an den String auf der linken Seite den String von rechts an:

```
t += "!";
```

Der String *t* hat jetzt den Wert *"Hallo Welt!"*. Ich verwende diesen Operator gerne um eine sehr lange Zeichenkette zu erzeugen, die nicht in eine Zeile passt:

```
s = "Blah, blah, blah, blah, blah, blah, blah, blah, blah, blah ";
s += " Dacapo: blah";
```

Der folgende Code erreicht dasselbe:

```
s = "Blah, blah, blah, blah, blah, blah, blah, blah, blah, blah ";
s = s + " Dacapo: blah";
```

In folgendem Code wird eine Zahl in einen String umgewandelt:

```
s = "Pi ist ungefähr " + 3.14;
```

Damit trägt *s* den Text *"Pi ist ungefähr 3.14"*.

Umwandlung von Strings in Zahlen

Die Steuerelemente eines Formulars sind ziemlich dumm und kennen nur Strings. Die Anwenderin schreibt 21 in ein Textfeld und meint die Zahl 21, das Textfeld jedoch vernimmt die Zeichenkette "21". JavaScript verweigert alle arithmetischen Operationen mit als Strings verkleideten Zahlen. Die unentbehrlichen Helfer sind die beiden Funktionen

- *parseInt(String)*

- *parseFloat(String)*

welche eine Zeichenkette als Parameter annehmen und die umgeformte Zahl ausgeben, und zwar *parseInt()* ganzzahlig und *parseFloat()* als Gleitpunktzahl. Liegt das Textfeld *radius* auf dem Formular *form1*, so kann die Eingabe mit folgender Anweisung in eine Zahl zur Weiterverarbeitung umgeformt werden:

```
r = parseFloat(document.form1.radius.value);
```

Die Funktion *parseFloat* erwartet einen Dezimalpunkt !

Die Funktion *isNaN()*

Misstrauische Programmierer können vor der Umwandlung mit Hilfe der Funktion *isNaN()* testen, ob der String wirklich als Zahl vorliegt. Diese Funktion gibt *true* zurück, wenn die Zeichenkette keine Zahl ist (*isNaN*: is Not a Number)

```
if(isNaN(document.form1.radius.value))
   alert("Können Sie keine verdammte Zahl eingeben?");
else r = parseFloat(document.form1.radius.value);
```

Höflichere Programmierer bitten den Anwender, Zahlen mit Dezimalpunkt einzugeben.

Huthandel im Wandel der Zeit

Genug der Theorie. Das folgende Beispiel zeigt einen Internethuthändler:

Die Käuferin kann jeden der drei Hüte anklicken, im Textfeld erscheint der Gesamtpreis. Abgebildet ist die Auswahl der Traummodelle Elfriede und Susi, die Kosten
betragen 339.98 €. Die zugehörige Datei sieht so aus:

Datei *kapitel7 / huete.htm*

```html
<html><head><title>e-commerce im Hutkauf</title>
<style type="text/css">
body,table,input,td {font-family: arial;font-size: 10pt;}
</style>

<script language="JavaScript">
function Rechnen()
{
  f = document.form1;
  p = 0;
  if(f.elfriede.checked) p = p + parseFloat(f.elfriede.value);
  if(f.berta.checked) p = p + parseFloat(f.berta.value);
  if(f.susi.checked) p = p + parseFloat(f.susi.value);
  f.preis.value = p;
}

</script>
</head>
<body><form name="form1">
<table border="0" cellpadding="5" cellspacing="0">
   <tr>
    <td align="right"><b>Preis: </b></td>
    <td colspan="2"><input type="text" name="preis"></td>
   </tr>
   <tr>
    <td>
      <img align="center" src="elfriede.jpg" width="122"
        height="134" alt="Bild von Elfriede" border="3">
      <br> <input type="checkbox" name="elfriede"
                value="119.99" onclick="Rechnen();">
          <b>Modell Elfriede<br>   119,99 &euro;</b>
    </td>
```

```
<td>
   <img align="center" src="berta.jpg"  width="122"
     height="134" alt="Bild von Berta" border="3">
       <br> <input type="checkbox" name="berta"
            value="139.99" onclick="Rechnen();">
         <b>Modell Berta <br>   139,99 &euro;</b>
   </td>
   <td>
     <img align="center" src="susi.jpg" width="122" height="134"
              alt="Bild von Susi" border="3">
       <br> <input type="checkbox" name="susi"
              value="219.99" onclick="Rechnen();">
         <b>Modell Susi <br>   219,99 &euro;</b>
     </td>
   </tr>
</table></form></body></html>
```

Die drei Checkboxen mit den Namen *elfriede*, *berta* und *susi* springen bei jedem On-Click-Ereignis an und lösen die Funktion *Rechnen()* aus. Diese setzt den Gesamtpreis zunächst auf 0 und erhöht bei jeder ausgewählten Checkbox den Gesamtpreis um den Einzelpreis. Dieser befindet sich als Zeichenkette in der Eigenschaft *value*. Daher wird die Funktion *parseFloat()* benötigt, um die Zeichenkette in eine Zahl umzuwandeln:

```
p = p + parseFloat(f.elfriede.value);
```

Damit wird der bisherigen Wert von p um119.99 erhöht. Genauso gut hätte ich auch

```
p += parseFloat(f.elfriede.value);
```

schreiben können.

Die drei Grazien stammen von dem genialen, kürzlich im biblischen Alter verstorbenen und allseits verehrten **Carl Barks**, dem Schöpfers Entenhausens und seiner Bewohner. Donald ist eh der Größte und die vom Meister erfundenen Geschichten sind noch einmal ein besonderer Genuss und als Sonderheftchen überall im Zeitschriftenhandel erhältlich. Ich hoffe diese ehrlich gemeinte Schleichwerbung befriedigt den Rechteinhaber der Bilder, **Walt Disney Com.** Wenn nicht, werde ich Mitglied der Panzerknacker.

Der Modulooperator

Ein Jahr hat bekanntlich etwas mehr als 365 Tage, in erster Näherung 365,25 Tage. Normale Jahre sind also um einen Vierteltag zu kurz! Daher legen die Schaltjahre alle vier Jahre einen Extratag zu, den 29.2. , um in einem Schlag den verlorenen Tag wieder aufzuholen. Die Jahreszahlen dieser Jahre sind durch vier teilbar.

Wie aber wird dies programmiert? Dazu werfen wir einen Blick zurück in die Grundschule. Dort wird 17 geteilt durch 4 gleich 4 Rest 1. Bei ganzzahliger Division bleibt immer ein Rest, es sei denn, der Zähler ist durch den Nenner teilbar. Der Rest heißt vornehm **Modulo**, der entsprechende Operator **Modulooperator**. Sein Zeichen sieht dem Divisionsoperator zum Verwechseln ähnlich: %. Somit ist 17%4 gleich 1, 16%4 gleich 0 und 21%5 gleich 1.

Folgende Bedingung überprüft also, ob die Jahreszahl *jahr* zu einem Schaltjahr gehört:

```
if(jahr%4 == 0) alert("Das Jahr" + jahr + "ist ein Schaltjahr.");
```

Ist die Bedingung *jahr % 4 == 0* erfüllt, z.B. für 1996, so erscheint über die Funktion *alert()* in einem Fenster der Text: *Das Jahr 1996 ist ein Schaltjahr.*

Leider ist ein Jahr geringfügig kürzer als 365,25 Tage. Deshalb tut man auf lange Sicht zuviel des Guten. Jedes Jahrhundert beginnt deshalb mit einem Jahr, das zwar durch 4 teilbar, aber trotzdem kein Schaltjahr ist, etwa die Jahre 1700, 1800 und 1900. Und was war mit dem Jahr 2000? War das nicht doch ein Schaltjahr? In der Tat, denn alle durch 400 teilbaren Jahre sind immer Schaltjahre, etwa 1600, 2000 und 2400. Ein Jahr ist also genau dann Schaltjahr, wenn es durch 400 teilbar ist oder durch 4 aber nicht durch 100.

Schaltjahre

Die Sonderbedingung für Schaltjahre wird erstmalig im Jahr 2100 wirksam. Bis dahin langt die einfache Abfrage *jahr % 4 == 0*. Im folgenden Programm soll der Anwender ein Jahr zwischen 1901 und 2099 eingeben. Ist dies ein Schaltjahr, wird die Checkbox mit einem Häkchen versehen.

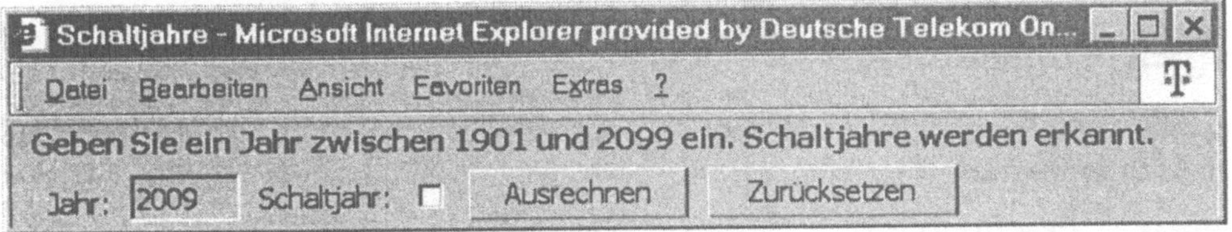

Der Code ist selbsterklärend.

Datei *kapitel7 / schaltjahre.htm*:

```
<html><head><title>Schaltjahre</title>
<script language="JavaScript">
function Rechnen()
{
  f = document.form1;
  if(isNaN(f.jahr.value))
  {
     alert("Idiot(in)");
     return;
  }
  else jahr = parseInt(f.jahr.value);
  f.schaltjahr.checked = false;
  if(jahr % 4 == 0) f.schaltjahr.checked = true;
}
</script>
```

```
<style> body,table,input,td {font-family: tahoma;
        font-size: 9pt;}</style>
</head>
<body><form name="form1">
<strong>Geben Sie ein Jahr zwischen 1901 und 2099 ein.
Schaltjahre werden erkannt.</strong><br><br>
<table border="0" cellpadding="5" cellspacing="0" bgcolor="gray">
 <tr>
  <td>Jahr
     <input type="text" value="2000" name="jahr"
     size="4"   onchange="Rechnen(this.form);">
  </td><td>
    Schaltjahr
    <input type="checkbox"  name="schaltjahr"
    onclick="Rechnen();" checked>
  </td><td>
     <input type="button" value="Ausrechnen"
       onclick="Rechnen();">
  </td><td>
     <input type="reset" value="Zurücksetzen">
  </td>
 </tr>
</table></form></body></html>
```

Ich habe diesmal die Funktion *parseInt()* verwendet, da Jahreszahlen ganzzahlig sein müssen. Zuvor wird mit der Funktion *isNaN()* geprüft, ob eine ungültige Eingabe vorliegt. In diesem Fall wird der Anwender beschimpft und dann mit der Anweisung *return* die Funktion verlassen. Der nachfolgende Code kommt nicht zur Ausführung.

Vergleichsoperatoren

Folgende sechs Vergleichsoperatoren vergleichen zwei Ausdrücke x und y bezüglich ihrer Anordnung:

Syntax	Beschreibung	Syntax	Beschreibung
$x > y$	x *größer als* y	$x < y$	x *kleiner als* y
$x >= y$	x *größer gleich* y	$x <= y$	x *kleiner gleich* y
$x == y$	x *gleich* y	$x \mathrel{!=} y$	x *ungleich* y

Dabei können x und y Zahlen oder Zeichenketten sein. Zahlen werden nach Größe und Zeichenketten alphabetisch geordnet, also sind 5 < 6 und "fuenf" < "sechs" jeweils wahr. Alle Vergleichsoperatoren führen zum Wert *true*, falls die Bedingung erfüllt ist und sonst entsprechend zu *false*. Sehr oft wird der **Gleichheitsoperator** == mit dem **Zuweisungsoperator** = verwechselt. Der **Ungleichheitsoperator** != ist leicht zu merken, da das Ausrufungszeichen der logische Verneinungsoperator ist.

Sie dürfen bei Vergleichsoperatoren niemals ein Leerzeichen zwischen zwei Zeichen setzen, etwa = = statt ==!

Obwohl JavaScript neu entwickelt wurde, hielt man sich stur an fast alle Merkwürdigkeiten von C, dem großen Vorbild. Da C keinen logischen Datentyp kennt, wird dieser von den ganzen Zahlen übernommen. Die Zahl 0 entspricht *false* und jede andere *true*. Leider hat dies JavaScript übernommen und erlaubt wie C solchen Unsinn:

```
a = 1;
if (a) b = a;
```

Die Variable *a* hat den Wert 1, somit ist die Bedingung *if(a)* erfüllt und *b* erhält den Wert von *a*. Dies ist schlechter Stil, auch wenn C-Hacker solche Zeilen lieben! Besser:

```
a = 1;
if (a != 0) b = a;
```

Der logische Datentyp

Dieser Datentyp hat lediglich zwei Werte, nämlich **true** und **false**. Logische Variablen entstehen meist aus arithmetischen Vergleichen, etwa

```
b = i > 2;
```

Dabei wird *b* *true*, wenn die Variable *i* größer ist als 2. Der logische Datentyp modelliert alle zweiwertigen Zustände wie an und aus oder ja und nein. Bei der Auswertung von Formularen tritt dieser Datentyp bei Kontrollkästchen, auch Checkboxen genannt, auf. Diese haben die Eigenschaft *checked*, die genau dann *true* wird, wenn der Anwender das Kontrollkästchen aktiviert hat.

Die meisten logischen Ausdrücke entstehen aus Vergleichsoperatoren.

Logische Operatoren

Die Vergleichsoperatoren tauchen meistens innerhalb der if-Anweisung und Wiederholungen auf und werden dabei gerne mit den nun betrachteten logischen Operatoren verknüpft. Wenn wir etwa das vollständige Datum abfragen und danach die Jahreszeit ausgeben wollen, müssen wir im März unterscheiden zwischen den Tagen 1 bis 20, die noch zum Winter zählen, und dem zum Frühjahr gehörenden Rest. Wir benötigen also eine Bedingung, die aus der Verknüpfung von zwei arithmetischen Vergleichen besteht:

```
if (mon == 3 && tag > 20 ) Ausgabe ="Veronika, der Lenz ist da!";
```

Zwei logische Ausdrücke können wie in der Umgangssprache durch UND sowie ODER verknüpft werden. Eine Bedingung, die durch zwei mit UND verbundene Einzelbedingungen entsteht, ist genau dann erfüllt, wenn beide Bedingungen wahr sind. Die Verknüpfung mit ODER weicht von der Umgangssprache ab, wo "oder" häufig "entweder, oder" meint, wie in dem Vorhaben CDU oder FDP zu wählen.

Anders ist die Bedeutung von oder in der Aussage, Milch gibt es bei Edeka oder Aldi. Es wird erwartet, Milch in mindestens einem Laden zu finden, möglicherweise auch in beiden. Genauso wird ODER in der Logik verstanden. Eine Bedingung, die aus zwei mit ODER verbundenen Bedingungen entsteht, ist genau dann zutreffend, wenn wenigstens eine Bedingung erfüllt ist. Neben UND sowie ODER gibt es noch die Verneinung oder Negation einer Bedingung, womit zutreffend und unzutreffend vertauscht werden. Seien also X und Y logische Ausdrücke, so gibt es:

- den binären **UND-Operator &&**

- sowie den ebenfalls binären **ODER-Operator ||**

- und den unären **NICHT-Operator !**

Das Ergebnis ist vom logischen Typ. Typische Beispiele sind:

```
if(a == 3 && c != 5) Anweisung;
if(a < 6 || x > 4) Anweisung;
if(!(a < 6 || x > 4)) Anweisung;
```

Die drei logischen Operatoren von JavaScript sind in folgender Wahrheitstabelle zusammengefasst:

X	Y	X || Y	X && Y	!X
true	*true*	*true*	*true*	*false*
true	*false*	*true*	*false*	*false*
false	*true*	*true*	*false*	*true*
false	*false*	*false*	*false*	*true*

Dabei bezeichnen X und Y die Operanden. Die Auswertung geschieht von links nach rechts, d.h., es wird zunächst X ausgewertet und danach Y. Der Rechner macht sich dabei das Leben einfach und bricht sofort ab, wenn das Ergebnis feststeht.

```
if(a > 3 || c < 2) //Anweisung;
```

Sollte a größer als drei sein, wird der zweite Operand des ODER-Operators gar nicht mehr ausgewertet, da das Ergebnis des logischen Ausdruckes schon mit *true* feststeht.

Manchmal muss geprüft werden, ob eine Variable x einen Wert innerhalb der Grenzen a und b hat. Dies geschieht korrekt wie folgt:

```
if(x > a && x < b) //Anweisung;
```

während die folgende verkürzte Form zwar gut gemeint, aber syntaktisch falsch ist:

```
if(b > x > a) //Anweisung;
```

Jahreszeiten

Das folgende Formular bestimmt zu einem Datum die Jahreszeit. Dabei werden die logischen Operatoren innerhalb von if- und else if-Bedingungen verwendet. Das Formular besteht aus drei Textfeldern, einer Schaltfläche und einem Resetbutton:

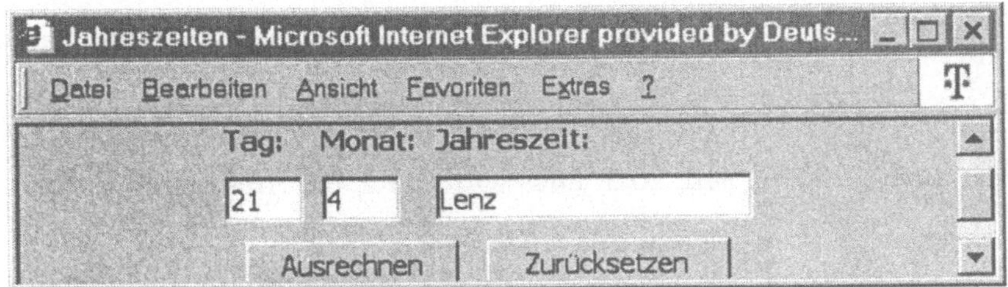

Die Funktion *Rechnen()* muss in Abhängigkeit des Datums die Eigenschaft *value* des Textfeldes *jz* setzen.

Programm *kapitel7/jahreszeit.htm*:

```
<html><head><title>Jahreszeiten</title>
<style>body, input,table,td,th {font-family: tahoma;
font-size: 10pt}</style>
<script language="JavaScript">
function Rechnen()
{
  f = document.form1;
  tag = parseInt(f.tag.value);
  mon = parseInt(f.monat.value);
  if (mon == 1 || mon == 2 || (mon == 3 && tag < 21) ||
      (mon == 12 && tag > 20))  f.jz.value = "Winter";

  else if (mon == 4 || mon == 5 || (mon == 3 && tag > 20) ||
      (mon == 6 && tag < 21))  f.jz.value = "Lenz";

  else if (mon == 7 || mon == 8 || (mon == 9 && tag < 21) ||
      (mon == 6 && tag > 20)) f.jz.value = "Sommer";

  else f.jz.value = "Herbst";
}
</script>

</head>
<body bgcolor="silver">
<form name="form1">
<table border="0" cellpadding="5" cellspacing="0" align="center">
<tr>
  <th align="left">Tag:</th>
  <th align="left">Monat:</th>
  <th align="left">Jahreszeit:</th>
</tr>
<tr>
  <td><input type="text" value="13" name="tag"
        size="2"  onchange = "Rechnen();"></td>
```

```
<td><input type="text" value="11" name="monat"
    size="2"   onchange="Rechnen();"></td>
<td><input type="text" value="Herbst" name="jz"></td>
</td>
</tr>
<tr>
 <td colspan="3" align="center">
  <input type="button" value="Ausrechnen" onclick="Rechnen();">
     <input type="reset" value="Zurücksetzen">
 </td>
</tr></table></body></html>
```

Der Winter verläuft vom 21.12 bis zum 20.3. Dies wird durch die Anweisung

```
if (mon == 1 || mon == 2 || (mon == 3 && tag < 21) ||
    (mon == 12 && tag > 20))   f.jz.value = "Winter";
```

programmiert. Zur besseren Lesbarkeit habe ich Klammern gesetzt. Beachten Sie
den Reset-Button, womit die Ausgangswerte zurückgesetzt werden.

Zuweisung und Vergleich sind nicht gleich

Könnte Einstein das eleganter programmieren? Kaum, der Kalender ist nun mal ver-
zwickt. Aber auch Einstein müsste sich vor dem folgenden beliebten Fehler hüten:
die Verwechslung des Zuweisungsoperators = mit dem Vergleichsoperator ==. Die
logisch fehlerhafte Anweisung

```
if (mon = 1 || usw.) f.jz.value = "Winter";
```

ist nämlich syntaktisch richtig, führt aber zur Zuweisung des Wertes 1 an die Variable
mon. Da wie erwähnt C keine logischen Ausdrücke kannte, wird auch in JavaScript
jeder von Null verschiedene Wert als *true* interpretiert. Da die Zuweisung *mon = 1*
den Wert 1 liefert, steht innerhalb der if-Bedingung ein wahrer Ausdruck und die
nachfolgende Bedingung wird ausgeführt. Alle Monate scheinen daher im Winter zu
liegen! Probieren Sie es aus! Auf die Erfindung einer so genialen Fehlerquelle wäre
allerdings auch Einstein stolz gewesen! Der Ausrutscher ist wegen der Ähnlichkeit
von = und == nur schwer zu finden und führt zu Stunden tiefster Verzweiflung,
also Augen auf bei den Gleichheitszeichen!

Vorrangregeln

Wir wenden uns der Frage zu, in welcher Reihenfolge der Compiler Ausdrücke mit
mehreren Operatoren auswertet. Die Operatoren sind nach **Priorität** geordnet, so
dass wie beim Rechnen der Ausdruck

```
2*3 + 4*5
```

den Wert 26 hat und nicht 50, was sich bei sturer Auswertung von rechts nach links
ergibt. Auch die Kombination von arithmetischen und logischen Operationen funk-
tioniert ohne Klammern. Denn

```
a + b < c*d
```

wird vom Compiler als

```
(a + b) < (c*d)
```

interpretiert. Dieses vernünftige Verhalten wird durch folgende Vorrangtabelle geregelt, wobei alle Operatoren innerhalb zweier Querstriche gleiche Priorität haben und
die Priorität von oben nach unten abnimmt.

Operator	Beschreibung
.	Zugriff auf Methode oder Attribut
[ ]	Zugriff auf Vektorelement über Index
( )	Klammersetzen, Funktionsaufruf
++ -- -	Inkrement, Dekrement und Vorzeichenwechsel
~	bitweise Negation bei ganzen Zahlen
!	logische Verneinung
* / %	Multiplikation, Division, Modulo
+ -	Addition und Subtraktion
<< >>	Verschiebung von Bitmustern nach links und rechts
< <= > >=	arithmetische Vergleiche
== !=	arithmetische Gleichheit und Ungleichheit
&	bitweises UND
^	bitweises XOR
|	bitweises ODER
&&	logisches UND
||	logisches ODER
=	Zuweisung
+= -= *= /= %= <<= >>= &= |= ^=	Zuweisung durch einen Operator

Eine Sonderrolle spielen die beiden logischen Verknüpfungen && und ||, da der jeweilige rechte Operand nur dann ausgewertet wird, wenn das Ergebnis noch nicht feststeht.

Aufgaben

Aufgabe 1. Wie muss die Funktion *Rechnen()* des Schaltjahrbeispiels lauten, damit alle Schaltjahre korrekt bestimmt werden?

Aufgabe 2. Ändern Sie das Huthändlerprogramm so ab, dass bei einem Kauf von zwei Hüten ein Rabatt von 10% und bei drei Hüten sogar von 20% gewährt wird.

Aufgabe 3. Schreiben Sie ein Programm, das einen Monat und ein Jahr vom Anwender einliest und dann die Anzahl der Tage des Monats ausgibt.

Aufgabe 4. In Deutschland gab es (Schluchz) Münzen mit Werten von 5, 2 und 1 DM, sowie von 50, 10, 5, 2 und 1 Pfennig(en). Schreiben Sie ein Programm, das einen vom Anwender eingegebenen Betrag durch eine minimale Zahl dieser Münzen ausdrückt. Hinweis: Wandeln Sie den Betrag in Pfennige um, und verwenden Sie die Operatoren / und %.

8 Ablaufkontrolle

Die Anweisungen innerhalb eines Programms werden hintereinander so ausgeführt wie sie im Quelltext stehen. In JavaScript gibt es wie in allen höheren Programmiersprachen die Möglichkeit, den Ablauf zu steuern. Dabei handelt es sich um Auswahl, Wiederholungen und Sprünge. Diese sogenannten Kontrollstrukturen verändern die sture sequentielle Reihenfolge der Verarbeitung und ermöglichen erst die Programmierung komplexer Probleme.

Auswahl mit switch

Die switch-Anweisung erlaubt die Auswahl aus mehreren Optionen. Dabei wird durch *switch (Ausdruck)* ein Ausdruck ausgewertet und zu dem Block gesprungen, wo auf das Schlüsselwort *case* dessen Wert folgt. Gegen jede Intuition werden von da an alle weiteren case-Blöcke ebenfalls ausgeführt, obwohl die auf *case* folgenden Werte gerade nicht mit dem Wert des Ausdruckes von *switch* übereinstimmen. Dies kann durch das Schlüsselwort *break* verhindert werden, da nach der Anweisung *break;* die switch-Anweisung verlassen wird und die erste nachfolgende Anweisung ausgeführt wird. Daher steht in den meisten case-Blöcken am Ende die Anweisung *break;*. Die allgemeine Form der Auswahl mit *switch* lautet:

```
switch (Ausdruck)
{
  case Konstante1:
     Anweisung(en);
     break;
  case Konstante2:
     Anweisung(en);
     break;
  case usw.
  default:
     Anweisung(en);
}
```

Der Ausdruck in der switch-Anweisung wird ausgewertet und mit den *Konstanten* verglichen. Die default-Marke wird angesprungen, wenn keine der Konstanten den Wert des Ausdruckes hat. Diese Marke darf weggelassen werden, so dass dann eventuell keine Anweisung innerhalb des switch-Blockes ausgeführt wird. Merken Sie sich also:

- Die Einrückungen.

- Die switch-Anweisung benötigt ein Paar geschweifte Klammern.

- Es ist nicht erlaubt auf *case* mehrere durch Kommas getrennte Konstanten folgen zu lassen, etwa *case Konstante1, Konstante2:*. Sie müssen zu diesem Zweck etwas umständlich *case Konstante1:case integer-Konstante2*: schreiben, ohne Kommas dazwischen.

- *default* kann weggelassen werden.

- Ohne *break* werden alle folgenden case-Fälle auch noch durchlaufen, eine häufige Fehlerquelle!

Die folgende Seite ist ein nicht ganz ernst gemeinter touristischer Ratgeber. Der Anwender tippt den Namen einer deutschen Stadt ein und erhält die präzise Beschreibung. Der Code steht in der

Datei *kapitel8/switch.htm*:

```
<html><head><title>Traveller Guide to Germany</title>
<script language="JavaScript">
function BClick()
{
  f = document.form1;
  switch(f.stadt.value)
  {
    case "Hamburg": f.co.value="Toll";break;
    case "München": case "Dresden": f.co.value="Schön";break;
    case "Berlin": case "Frankfurt": f.co.value="Aufregend";break;
    default: f.co.value="Kaff";
  }
}
</script>
<body><form name="form1">
Geben Sie den Namen einer deutschen Stadt ein, es folgt die
 <input type="button" value="Beschreibung" onclick="BClick();">:
<input type="text" size="20" name="stadt">   
<input type="text" size="10" name="co">
</form></body></html>
```

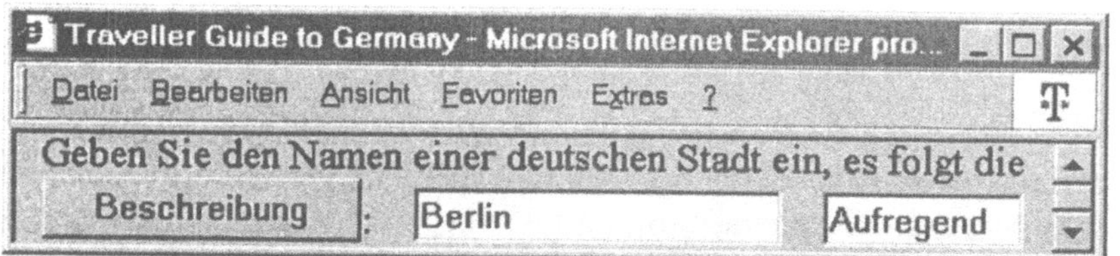

Überprüfen Sie bei der Auswahl mit *switch* die case-Blöcke auf die nötigen break-Anweisungen!

do-while-Schleife

Bei allen Schleifen wird ein zusammenhängender Teil des Programms solange wiederholt, wie eine bestimmte Bedingung wahr ist. Es gibt Schleifen mit:

- Abfrage der Wiederholungsbedingung am Ende

- Abfrage der Wiederholungsbedingung am Anfang

- einer festen Anzahl von Wiederholungen

Ich beginne mit der do...while-Schleife, deren Syntax wie folgt lautet:

```
do
{
  Anweisung(en);
}while(Wiederholungsbedingung);
nächste Anweisung;
```

Wie bei der *if*-Anweisung kann bei nur einer Anweisung zwischen *do* und *while* auf die geschweiften Klammern verzichtet werden. Der Block zwischen *do* und *while* heißt **Schleifenkörper**, dessen Anweisungen werden mindestens einmal ausgeführt. Solange die Wiederholungsbedingung wahr ist, wird der Schleifenkörper immer wieder von oben an durchlaufen. Die Anweisungen innerhalb des Schleifenkörpers müssen demnach irgendwann zur Nichterfüllung der Wiederholungsbedingung führen, da sonst die Schleife unendlich oft wiederholt würde. Sobald die Wiederholungsbedingung zum ersten Mal nicht erfüllt ist, wird das Programm mit der nächsten Anweisung fortgesetzt.

Bitte beachten Sie also:

- Die Einrückungen und die geschweiften Klammern.

- Die Wiederholungsbedingung steht in runden Klammern.

- Die Schleife wird solange wiederholt, wie die Wiederholungsbedingung wahr ist.

- Eine sogenannte Idiotenschleife entsteht, wenn die Wiederholungsbedingung *immer* wahr bleibt.

Diese do...while-Schleife wird gerne bei Eingaben verwendet:

```
do
{
  Jahr = parseInt(prompt("Bitte Geburtsjahr eingeben: ","1978"));
}while (1900 > Jahr || Jahr > 1990);
```

Der Anwender hat den Abbruch selbst in der Hand, sobald das Eingabejahr zwischen 1900 und 1990 liegt, wird die Schleife verlassen.

Die Funktion *prompt(Text,AnfangsWert)* öffnet einen Standarddialog, wo der erste Parameter als Erläuterung und der zweite in einem Textfeld erscheint. Der Inhalt des Textfelds kann vom Anwender geändert werden und wird nach dem Drücken der OK-Taste als Wert der Funktion zurückgegeben.

while-Schleife

Manche Schleifen sollen unter bestimmten Umständen gar nicht durchlaufen werden. Die Wiederholungsbedingung wird dann an den Anfang der zu wiederholenden Anweisungen gesetzt. Die allgemeine Form lautet:

```
while (Wiederholungsbedingung)
{
  Anweisung(en),
}
```

Die geschweiften Klammern sind nur dann erforderlich, wenn im Schleifenkörper mehr als eine Anweisung steht. Ist die Wiederholungsbedingung schon am Anfang nicht erfüllt, wird der Schleifenkörper überhaupt nicht durchlaufen. Eine *do..while*-Schleife wird dagegen immer mindestens einmal ausgeführt, weil die Wiederholungsbedingung erst zum Schluss überprüft wird.

Bevor ich zu einem Beispiel komme, möchte ich etwas näher auf Zeichenketten eingehen.

Die Stringklasse

Die Stringklasse hat ein nützliches Attribut und viele sinnvolle Methoden. Einige davon möchte ich erwähnen: Das Attribut *length* und die Methoden *indexOf(str)*, *substring(anfang,ende)* sowie *charAt(i)*. Man muss kein Genie sein, um zu raten, dass das Attribut *length* die Anzahl der Zeichen eines Strings angibt und *substring(anfang,ende)* den Teilstring liefert, der beim Zeichen *anfang* beginnt und beim Zeichen *(ende - 1)* endet (also nicht beim Zeichen *ende!*). Damit umfasst dieser Teilstring *(ende - anfang)* Zeichen. Die Methode *charAt(i)* liefert das Zeichen an der Stelle *i + 1*, denn Zeichenketten werden von 0 an durchgezählt.

Habe etwa *s* den Inhalt "Hallo Welt", so haben nach den Aufrufen:

```
anf = s.charAt(0);
ende = s.charAt(s.length - 1);
w = s.substring(6,8);
l = s.length;
```

die Variablen *anf*, *ende*, *w* und *l* die Werte *"H"*, *"t"*, *"We"* und 10.

Die Methode *indexOf(str)* sucht innerhalb des aufrufenden Strings die Zeichenkette *str*. Der Index des ersten Auftauchens wird zurückgegeben. Ist die Zeichenkette *str* innerhalb des rufenden Strings nicht zu finden, wird die Zahl -1 zurückgegeben. Die Methode *indexOf()* darf optional noch einen zweiten Parameter haben, und zwar eine ganze Zahl *k*, die den Index angibt, von dem die Suche beginnt.

Habe etwa *s* wieder den Inhalt "Hallo Welt", so haben nach den Aufrufen

```
i = s.indexOf("Welt");
j = s.indexOf("Welt", 1);
r = s.indexOf("Hallo", 1);
```

die Variablen i, j den Wert 6 und r ist gleich -1.

Nun sei z.B. z eine Zeichenkette, die eine Zahl mit Dezimalkomma darstellt. Das Komma wird wie folgt durch einen Punkt ersetzt:

```
i = z.indexOf(",");
if(i > -1) z = z.substring(0,i) + "." + z.substring(i+1,z.length);
```

Ein Beispiel mit Zeichenketten

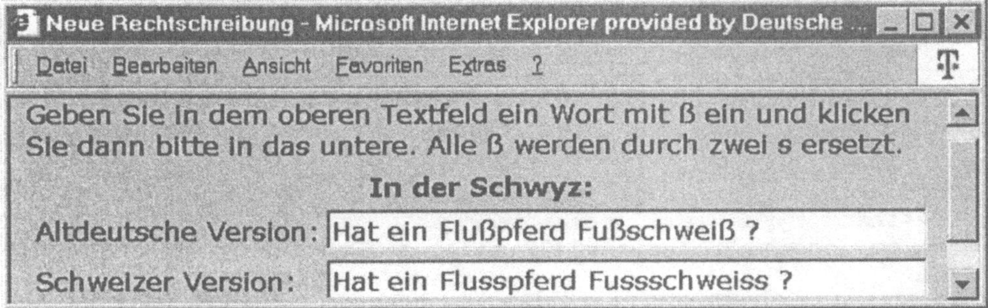

Passend zur Rechtschreibreform und als Gruß an die Schweiz, wo schon vor Jahren alle β ausgerottet wurden, werde ich jetzt ein Programm vorstellen, wo dem possierlichen β der Garaus gemacht wird. Der Code ist nicht sehr schwer. Die nützliche Suchmethode *indexOf()* findet die Position des ersten β. Die Zeichenkette wird an dieser Position aufgespalten in einen Teil vor dem β und den Teil nach dem β. Die Teile werden dann neu zusammengesetzt, wobei in der Mitte *ss* eingefügt wird. Dieser Vorgang wird solange wiederholt, bis kein β mehr vorhanden ist. Die Suchfunktion *indexOf()* gibt dann den negativen Wert -1 zurück.

Datei *kapitel8 / wegmitsz.htm*

```
<html><head><title>Neue Rechtschreibung</title>
<style>body,input,table,td,th{font-family:verdana;
    font-size:8pt;}</style>
<script language="JavaScript">
function Ersetzen()
{
  f = document.form1;
  s = f.alt.value;

  j = s.indexOf("ß");
  while(j > 0)
  {
    s = s.substring(0,j) + "ss" + s.substring(j + 1,s.length);
    j = s.indexOf("ß", j + 1);
  }

  f.neu.value = s;
}
</script>
```

```
</head>
<body><form name="form1" >
<h5>Ausrottung von unschuldigen &szlig;</h5>
Geben Sie in dem oberen Textfeld ein Wort mit &szlig; ein und kli-
cken Sie dann bitte in das untere. Alle &szlig; werden durch zwei
s ersetzt.
<table border="0" cellspacing="0" bgcolor="silver" align="center">
  <tr>
    <th colspan="2">In der Schwyz:</th>
  </tr>
  <tr>
    <td>Altdeutsche Version:</td>
    <td><input type="text" name="alt"
        value="Hat ein Flußpferd Fußschweiß ?"
        maxlength="40" size="40"  onchange="Ersetzen();">
    </td>
  </tr>
  <tr>
    <td>Schweizer Version:</font></td>
    <td><input type="text" name="neu"
        maxlength="40" size="40" onfocus="Ersetzen();">
    </td>
  </tr>
</table></form></body></html>
```

Die Quersumme einer Zahl

Zur Berechnung der Quersumme einer Zahl a benötigt man eine Schleife. Hat a etwa den Wert 12345, so ist die Quersumme 15. Das Problem besteht darin, an die einzelnen Ziffern der Zahl a zu gelangen. Das erreicht man mit den Operatoren / und %. Die letzte Dezimalziffer k einer Zahl i ergibt sich durch:

```
k = a % 10;
```

denn diese Ziffer bleibt bei ganzzahliger Division als Rest übrig. Rechnet man dann mit

```
a = (a - a % 10)/10;
```

weiter, so ist der neue Wert von a gerade die Zahl, die durch Streichen der letzten Ziffer entsteht. Nun kann man mit dem Modulooperator die nächste Ziffer abschneiden. Das wird in eine Schleife verpackt und in das folgende Programm eingefügt:

Datei *kapitel8/quersumme.htm*

```
<html><head><title>Quersumme</title>
<style>body,input {font-family:tahoma;font-size:8pt}</style>
<script language="JavaScript">
function Rechnen()
{
  f = document.form1;
  a = parseInt(f.zahl.value)
```

```
  s = 0;

  if (a < 0) a = -a;
  do
  {
     s += a%10;
     a = (a - a%10)/10;
  }while (a != 0)

  f.quers.value = s;
}
</script></head>
<body><form name="form1">
Geben Sie eine Zahl ein:
  <input type="text" name="zahl" size="6">
Es wird die
<input type="button"  value="Quersumme"  onClick="Rechnen();">
  <input type="text" name="quers" size="6">berechnet.
</form></body></html>
```

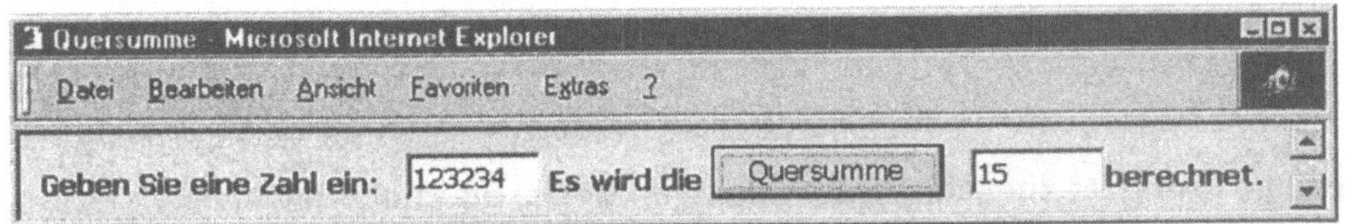

for-Schleife

Bei der while-Schleife weiß man nicht, wie oft der Schleifenkörper durchlaufen werden muss. Bei vielen Problemen ist aber die Anzahl der Durchläufe schon am Anfang klar, etwa wenn alle Zeichen eines Strings einzeln untersucht werden. Es gibt dafür in JavaScript eine maßgeschneiderte Anweisung:

```
for(k = Anfangswert; k < N; k++)
{
   Anweisung(en);
}
```

Der Schleifenkörper steht wieder innerhalb von geschweiften Klammern. Diese sind entbehrlich, wenn nur eine Anweisung zu wiederholen ist. Innerhalb der for-Anweisung stehen drei Anweisungen, die durch Semikolons getrennt sind. Die erste Anweisung legt den Startwert fest, die zweite ist die Wiederholungsbedingung, die dritte Anweisung schreibt vor, was nach dem Durchlauf des Schleifenkörpers zu tun ist. In den meisten Fällen wird die Laufvariable um den Wert 1 erhöht, dies erledigt die Anweisung $k++$.

Bitte beachten Sie:

- Kein Semikolon nach *for( )*!

- *k* beginnt bei *Anfangswert* und endet bei $N - 1$, aber bitte niemals $k = N - 1$ schreiben, da dies eine Anweisung und keine Wiederholungsbedingung wäre!

Die for-Anweisung wird sehr oft bei Vektoren und Zeichenketten eingesetzt.

Die Funktion *Ersetzen()* des vorigen Beispiels zur Ausrottung des Buchstabens *ß* kann auch mit einer for-Schleife geschrieben werden:

Auszug aus der Datei *kapitel8/wegmitszfor.htm*

```
function Ersetzen()
{
  f = document.form1;
  s = f.alt.value;
  sneu = "";

  for(j = 0; j < s.length;j++)
  {
     if(s.charAt(j) == 'ß') sneu += "ss";
     else  sneu += s.charAt(j);
  }

  f.neu.value = sneu;
}
```

Der bereinigte String ist zunächst leer. Abhängig davon, ob in der deutschen Version das Zeichen an der Position mit dem Index *j* ein *ß* steht, wird dem bereinigten String entweder ein *ss* oder das ursprüngliche Zeichen angehängt.

Verschachtelte Schleifen

Manchmal müssen auch Schleifen verschachtelt werden. Im folgenden Beispiel sollen in den Zeilen *1,2,...j,...n* eines mehrzeiligen Textfeldes jeweils *2j-1* Sternchen in Dreiecksform

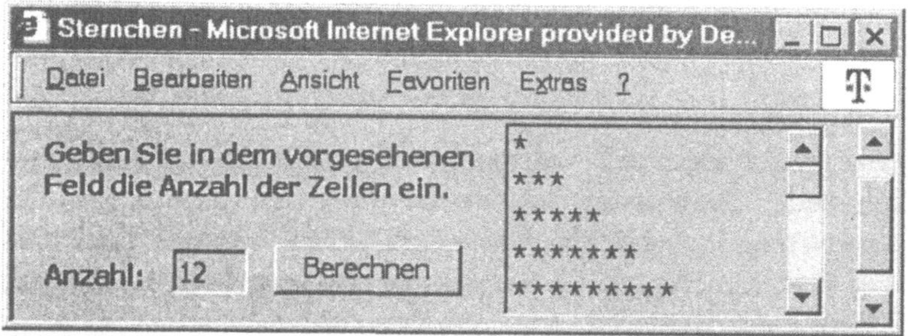

ausgegeben werden. Dafür benötige ich zwei verschachtelte Schleifen. Die äußere Schleife gibt *n* Zeilen aus, die innere Schleife sorgt für die *2j - 1* Sternchen in der Zeile *j*. Der Zeilenumbruch wird mit der zweifachen *escape sequence* "\r\n" bewirkt.

Programm *kapitel8 / sterne.htm*

```
<html><head><title>Sternchen</title>
<style> body,select,input,td{font-family:tahoma;
        font-size:9pt}</style>
<script language="JavaScript">
function Rechnen()
{
  f = document.form1;
  n = parseInt(f.anzahl.value)

  for(i = 1,st = ""; i <= n;i++)
  {
      for(j = 1;j < 2*i;j++) st += "*";
      st += "\r\n";//Neue Zeile
  }
  f.ergebnis.value = st;
}
</script></head>
<body><form name="form1">
<table border="0" cellpadding="5" align="center">
 <tr><td>
   Geben Sie in dem vorgesehenen Feld die Anzahl der Zeilen ein.<p>
   Anzahl: <input type="text" name="anzahl" size="2">
   <input type="button" value="Berechnen"  onClick="Rechnen();">
  </td><td>
   <textarea name="ergebnis" rows="5" cols="15"></textarea>
  </td></tr>
</table></form></body></html>
```

Sprunganweisungen

Es gibt zwei Sprunganweisungen, die innerhalb von Schleifen vorkommen, und zwar *continue* und *break*. Die Anweisung *break;* sorgt dafür, die Schleife zu verlassen und zur ersten nachfolgenden Anweisung zu springen. Diese Anweisung ist uns schon in den case-Blöcken der switch-Anweisung begegnet, wo sie ebenfalls den Sprung zur ersten Anweisung nach dem switch-Block auslöst.

Die Anweisung *continue;* beendet ebenfalls den laufenden Schleifendurchlauf vorzeitig, springt aber nicht aus der Schleife, sondern zu deren Ende. Bei den beiden while-Schleifen also zur Wiederholungsbedingung und bei der for-Schleife zuerst zur Endanweisung und dann zur Wiederholungsbedingung.

Der Konditionaloperator

Eine für C und JavaScript typische Sonderform der zweiseitigen Alternative ist der **Konditionaloperator**. Dies ist der einzige Operator mit drei Operanden, und zwar einer Bedingung auf die nach einem Fragezeichen zwei durch einen Doppelpunkt getrennte Ausdrücke folgen. Der Konditionaloperator übernimmt den ersten Wert, wenn die Bedingung zutrifft, sonst den zweiten:

```
(Bedingung) ? WertTrue : WertFalse;
```

In der Anweisung:

```
sneu += (s.charAt(j) == 'ß') ? "ss" : s.charAt(j);
```

wird an *sneu* also *"ss"* oder *s.charAt(j)* angehängt. Dies ist nur eine verkürzte Form des *if-else*-Konstrukts:

```
if(s.charAt(j) == 'ß') sneu += "ss";else sneu += s.charAt(j);
```

Aufgaben

Aufgabe 1. Schreiben Sie ein Programm, das die Eingabe beliebiger Datumswerte zulässt und überprüft, ob die Eingabe sinnvoll oder wie etwa der 31.11. falsch ist. Verwenden Sie *switch*.

Aufgabe 2. Man benötigt oft die laufende Nummer eines Datums, z.B. 40 für den 9.2. und 365 oder 366 für den 31.12., da Schaltjahre zu berücksichtigen sind. Man schreibe ein Programm, wo der Anwender Jahr und Monat und Tag eingibt und als Antwort die laufende Nummer des Datums erscheint. Verwenden Sie *switch*.

Aufgabe 3. Man schreibe ein Programm, das in N Zeilen die Sternchen in gleichschenkliger Dreiecksform in einem mehrzeiligen Textfeld anordnet:

Hier ist $N = 5$; dieses N soll aber beliebig sein können.

Aufgabe 4. Entwickeln Sie ein Formular, wo der Anwender ein Wort eingibt und die Anzahl der Vokale ausgegeben wird.

9 Objekte und Arrays

Variablen der Basistypen speichern einen einzigen Wert. Objekte bieten unter dem Dach eines einzigen Bezeichners Raum für komplexe Inhalte. Objekte bündeln verwandte, aber nicht notwendig gleichartige Variablen. Alle Objekte eines Typs werden zu einer sogenannten Klasse zusammengefasst.

Arrays sind Listen gleichartiger Elemente, etwa die Tage einer Woche oder die Monate eines Jahres. Der Zugriff auf die einzelnen Elemente erfolgt über einen Index genannten Zähler. Die Zählung beginnt bei 0, der Januar hat damit den Index 0 und der September entsprechend den Index 8.

Objekte

Betrachten wir als Beispiel die Datumsobjekte. Jedes Objekt besteht aus drei Variablen für Jahr, Monat und Tag. Diese Variablen werden **Eigenschaften** genannt. Jedes Objekt besitzt diese Eigenschaften, nennen wir sie einmal *year*, *month* und *day*. Seien *d1* und *d2* zwei Objekte dieser Klasse, so kann über *d1.year* und über *d2.year* auf die Werte der Eigenschaft *year* zugegriffen werden. Die Verbindung zwischen Objekt und Eigenschaft erfolgt über den Punktoperator.

Klassen bieten aber mehr als die Zusammenfassung von verwandten Variablen. Sie stellen den Objekten Methoden genannte Funktionen zur Verfügung, die direkten Zugriff auf die Werte der Eigenschaften haben. So hat etwa die Datumsklasse die Methode *getDay()*, welche den Wochentag bestimmt. Dabei wird der Sonntag durch 0 codiert und der Samstag entsprechend durch 6.

Konstruktoren

Objekte sind komplexe Gebilde, die im Rechner gespeichert werden müssen. Der Rechner muss die Struktur der Daten kennen, woraus der benötigte Speicherplatz berechnet wird. Die Aufgabe der Speicherreservierung übernehmen bestimmte Methoden der Klasse, die sogenannten Konstruktoren. Der Name deutet an, dass diese Methoden das Objekt erstmalig im Speicher aufbauen. Das wird durch das Schlüsselwort *new* unterstrichen. Die Syntax der Konstruktion eines Objekts der Klasse *Class* hat daher diese Grundform:

```
obj = new Class(Parameterliste);
```

etwa

```
jetzt = new Date();
weihnacht = new Date(2002,11,24);
```

Konstruktoren haben immer den Namen der zugehörigen Klasse. Die Klasse der Datumsobjekte heißt also *Date*, eine in JavaScript eingebaute Klasse, auf die ich jetzt näher eingehe.

Der Wert *null*

Diesen Wert haben alle Objekte, die noch nicht von einem Konstruktor erzeugt wurden. Anders als in C ist *null* ungleich der Zahl 0. Man kann über die Bedingung *if(obj != null)* vermeiden, ein noch nicht erzeugtes Objekt *obj* zu verwenden.

Date-Objekte

Die Klasse *Date* bietet mehr als nur reine Datumsangaben. Es gibt zusätzlich die Möglichkeit die Zeit zu speichern, also Stunde, Minute und Sekunde. Intern wird jedes Objekt dieser Klasse durch die Anzahl der seit dem 1.1.1970 verstrichenen Millisekunden dargestellt. Die Objekte der Klasse haben keine Eigenschaften, der Informationsinhalt wird ausschließlich über Methoden gesteuert. Ich beginne mit den Konstruktoren:

```
jetzt = new Date();
weihnacht = new Date(2002,11,24);
neujahr = new Date(2003,1,1,0,0,0);
verdammt_lang_her = new Date(24*60*60*1000*10*365);//ungefähr 1980
```

Der erste Konstruktor übernimmt die Datumswerte des Augenblicks der Konstruktion, der zweite übernimmt in dieser Reihenfolge Jahr, Monat und Tag, wobei die Tage normal von 1 bis Monatsende gezählt werden, die Monate aber bei 0 beginnen und bei 11 enden. Sehr merkwürdig! Beim dritten Konstruktor folgen auf das Datum die Angaben für Stunde, Minute und Sekunde. Der letzte Konstruktor baut das Objekt aus der Anzahl der seit dem 1.1.1970 vergangenen Millisekunden auf.

Die Informationen werden über die Methoden *getWert()* und *setWert(Wert)* gelesen bzw. verändert. Die folgenden Methoden benötigen keine Erklärung:

```
getHours(), setHours(wert), getMinutes(), setMinutes(wert),
getSeconds(),setSeconds(wert), getYear(),setYear(Wert),
getMonth(),setMonth(wert)
```

Etwas aufpassen muss man bei den Methoden *getDate()* und *getDay()*, denn die erste Methode liefert den laufenden Tag innerhalb des Monats, während die zweite den Wochentag bestimmt, und zwar wie beschrieben als Zahl zwischen 0 für Sonntag und 6 für Samstag.

Die Millisekunden werden über *getTime()* und *setTime(wert)* gelesen oder gesetzt.

Diese Methoden werden von Objekten über den Punktoperator aufgerufen:

```
jetzt = new Date();
min = jetzt.getMinutes();
```

```
if(min < 10) min = "0" + min;
alert("Es ist jetzt " + jetzt.getHours() + ":" + min);
```

Die Methode *parse(string)* wird von keinem Objekt, sondern von der Klasse selbst aufgerufen. Der Methode wird eine Zeichenkette übergeben, die ein Datum im amerikanischen Format mm/tt/yy darstellt. Der Monat steht also vor dem Tag, das Trennzeichen ist der Querstrich. Hier müssen die Monate als Zahlen zwischen 1 und 12 angegeben werden! Der Rückgabewert sind die bis zu diesem Datum seit dem 1.1.1970 verflossenen Millisekunden. Das folgende Codeschnipsel wandelt amerikanisches Format in europäisches um:

```
anzmilli = Date.parse("10/4/80");
gbd = new Date(anzmilli);
alert("Geboren am :"
 + gbd.getDate() + "." + (gbd.getMonth()+1)+ "." + gbd.getYear());
```

Definition von Arrays

Arrays enthalten N durchnummerierte **Elemente** desselben Datentyps. Arrays werden auch **Felder** oder **Vektoren** genannt. Die natürliche Zahl N heißt **Dimension**. Arrays sind Objekte mit Eigenschaften und Methoden und werden über einen der folgenden Konstruktoren erzeugt:

```
d = new Array();
e = new Array(3);
WoTage = new Array("Sonntag", "Montag", "Dienstag", "Mittwoch",
"Donnerstag", "Freitag", "Samstag");
```

Jedes Element gehört zu einer **Index** genannten Nummer und wird über den in eckigen Klammern stehenden Index angesprochen.

Der erste Index hat dabei wie in C den Wert 0 und nicht 1 und der letzte den Index *N-1* und nicht *N*.

Somit gilt:

```
WoTage[0] = "Sonntag", WoTage[4] = "Donnerstag"
```

Die Arrays *d* und *e* sind noch undefiniert, wobei bei *e* bereits die Dimension 3 hat. Über den Indexoperator [ ] lassen sich nun nachträglich Werte setzen:

```
d[0] = e[0] = "männlich";
d[1] = e[1] = "weiblich"
e[2] = "sächlich";
```

Die Dimensionen von *d* ist jetzt 2.

Die Ereignisse *onload* und *onunload*

Die meisten Ereignisse werden vom Betrachter der Seite mit der Maus ausgelöst. Ich werde jetzt zwei Ereignisse vorstellen, die der Browser selbst auslöst, und zwar *onload* und *onunload*. Das erste Ereignis tritt ein, wenn der Browser die Quelldatei vollständig verstanden und dargestellt hat, die entsprechende Webseite ist also geladen. Der Gegenspieler dieses Ereignisses ist das Entfernen der Seite aus dem Browserfenster. Beide Ereignisse müssen als Attribute des Tags <body> aufgeführt werden:

```
<body onload="Anfang();" onunload="Ende();">
```

Die JavaScript-Funktionen müssen natürlich nicht *Anfang()* und *Ende()* heißen, unabhängig vom Namen enthalten sie den Code, der beim Laden bzw. Verlassen der Seite auszuführen ist.

Im folgenden Beispiel registriert die Funktion *Anfang()* den Ladezeitpunkt und gibt ihn mit Hilfe der Funktion *alert()* aus. Das Date-Objekt *anfang* wird außerhalb der beiden Funktionen deklariert und ist deshalb global gültig, d.h., jede der beiden Funktionen kann auf die Methoden dieses Objekts zugreifen. Hätte ich das Objekt innerhalb der Funktion *Anfang()* deklariert, wäre es der Funktion *Ende()* unbekannt.

Die Funktion *Anfang()* wertet noch zusätzlich die Zeichenkette *document.lastModified* aus und gibt das Ergebnis in europäischem Format aus. Der ursprüngliche Inhalt von *document.lastModified* enthält das Datum der Erstellung der Datei in der amerikanischen Art mm/dd/yy.

Die Funktion *Ende()* wird vom Ereignis *onunload* beim Verlassen der Seite aufgerufen. Wieder wird die Zeit registriert und mit Hilfe der Methode *getTime()* die verstrichene Zeit seit Laden der Seite gemessen.

```
anfang = new Date()
function Anfang()
{
  min = anfang.getMinutes();
  if(min < 10) min = "0" + min;
  alert("Es ist jetzt "+anfang.getHours()+":"+ min);

  anzmilli = Date.parse(document.lastModified);
  dlM = new Date(anzmilli);
  alert("Datei erstellt am: "
  +dlM.getDate()+"."+(dlM.getMonth()+1)+"."+dlM.getYear());
}

function Ende()
{
  schluss = new Date();
  z = (schluss.getTime() - anfang.getTime())/1000;
  alert("Sie ertrugen diese Seite " + z + " Sekunden!");
}
```

Ein Beispielprogramm

Die beiden Objekttypen *Date* und *Array* werden in einem kleinen Programm verwendet. Der Anwender gibt ein Datum ein und das Programm ermittelt den Wochentag. Beim Verlassen der Seite meldet diese, wie lang der Besucher auf dieser Seite verweilte. Die Funktionen *Anfang()* und *Ende()* habe ich bereits besprochen.

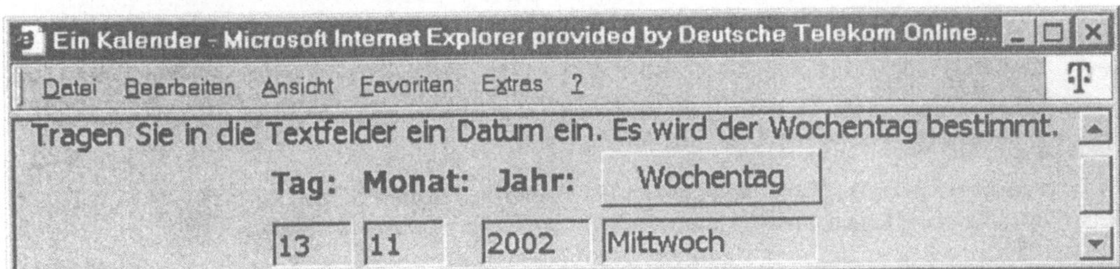

Die Funktion *Rechnen()* wertet zunächst die Eingabefelder aus und zieht vom Monatswert die 1 ab. Dann wird ein neues Date-Objekt erzeugt, wobei auf die Reihenfolge der Parameter zu achten ist: Jahr, Monat und dann der Tag. Die Methode *getDay()* berechnet den zugehörigen Wochentag, wobei der Sonntag durch 0 und der Montag durch 1 usw. repräsentiert werden. Das Array *Wochentage* enthält die deutschen Namen der Wochentage in der Reihenfolge "Sonntag" bis "Samstag".

Datei *kapitel9/wochentag.htm*

```
<html><head><title>Ein Kalender</title>
<style>body,select,input,table,td,th,textarea {font-family: tahoma; font-size:9pt; background:silver;}</style>
<script language="JavaScript">

function Anfang(){wie oben}

function Ende(){wie oben}

function Rechnen()
{
  f = document.form1;
  Wochentage = new Array("Sonntag", "Montag", "Dienstag",
          "Mittwoch", "Donnerstag", "Freitag", "Samstag");

  m = parseInt(f.monat.value) - 1;
  t = parseInt(f.tag.value);
  j = parseInt(f.jahr.value);
  d = new Date(j,m, t);

  f.wotag.value = Wochentage[d.getDay()];
}
</script>

</head>
<body onload="Anfang();" onunload="Ende();">
```

```
<form   name="form1">
Tragen Sie in die Eingabefelder ein Datum ein. Es wird der Wochen-
tag bestimmt.
<table border="0" align="center" cellspacing="0" cellpadding="3" >
<tr>
  <th align="left">Tag:</th><th align="left">Monat:</th>
  <th>Jahr:</th>
  <td><input type="button" value="Wochentag"
     OnClick = "Rechnen();"></td>
</tr>
<tr>
  <td><input type="text" value="13" name="tag" size="2"
    OnChange="Rechnen();"></td>
  <td>
   <input type="text" value="11" name= "monat" size="2"
    OnChange="Rechnen();">
  </td>
  <td>
  <input type="text" value="2002" name= "jahr" size="4"
    OnChange="Rechnen();">
  </td>
  <td><input type="text" value="Mittwoch" name= "wotag"
      size="12"></td>
</tr>
</table></body></html>
```

Vektoren und Schleifen

Ein Selbstständiger hat in bestimmten Monaten eines Jahres die Umsätze $U[i]$ gemacht und möchte jetzt den durchschnittlichen Umsatz *Uquer* und den Monat mit
dem größten Umsatz ermitteln. Die Umsatzwerte werden über ein Textfeld eingegeben, wobei die Werte durch Kommas getrennt werden, also bei der obigen Eingabe
als Zeichenkette(!)

```
"1222, 1111, 1000, 2222, 4444"
```

Ich habe folgendes Formular entwickelt:

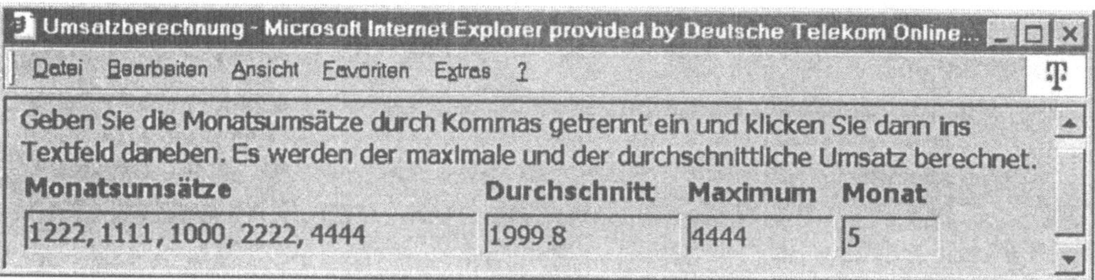

Wie schon oft erwähnt, akzeptieren Textfelder nur Strings. JavaScript springt dem
Programmierer bei der Umwandlung dieser Zeichenkette in einen Vektor mit einer
wunderbaren Methode der Stringklasse bei, deren Namen *split()* andeutet, was sie tut,
nämlich das Auftrennen einer Zeichenkette in einen Vektor. Diese Funktion braucht

als Parameter den Teilstring, an dem getrennt wird. Dies ist hier wie meist der String
",", da das Komma sich anbietet. Sie können aber auch jeden anderen String nehmen, etwa ";;". Dann müssen natürlich die Einträge auch durch ;; getrennt sein. Die
Umsätze befinden sich im Textfeld *Werte* und werden durch folgende Anweisungen
in einen Vektor *U[ ]* zerlegt:

```
f = document.form1;
U = new Array();
U = f.Werte.value.split(",");
for(i = 0; i < U.length; i++) U[i] = parseFloat(U[i]);
```

Jetzt hat *U[2]* den Wert 1000.

Für den Durchschnittsumsatz müssen alle Werte summiert werden und die Summe
muss anschließend durch die Anzahl geteilt werden. Die Anzahl der Werte eines
Vektors *U[ ]* liefert die Eigenschaft *U.length*, in diesem Beispiel ist die Länge 5. Der
Code sieht dann so aus

```
Uquer = 0;
for(i = 1 i < U.length; i++) Uquer += U[i];
Uquer /= U.length;
```

Da innerhalb der Schleife nur eine Anweisung steht, habe ich die geschweiften
Klammern weggelassen.

Die Bestimmung des maximalen Umsatzes besorgt erneut eine for-Schleife:

```
UMax = U[0];
Monat = 0;;
for(i = 1; i < U.length; i++)
{
  if(U[i] > UMax)
  {
    UMax = U[i];
    Monat = i + 1;
  }
}
```

Vor beiden Schleifen müssen bestimmte Vorbereitungen getroffen werden. Bei der
Summation muss die Summationsvariable 0 gesetzt werden, bei der Suche nach dem
Maximum werden die Werte *Umax* und *Monat* ebenfalls vor der Schleife initialisiert.

Die entsprechende Datei *kapitel9/umsatz.htm* lautet:

```
<html><head><title>Umsatzberechnung</title>
<script language="JavaScript">
function Rechnen()
{
  f = document.form1;
  U = new Array();
  U = f.Werte.value.split(",");
  for(i = 0; i < U.length; i++) U[i] = parseFloat(U[i]);

  Uquer = U[0];
```

```
   for(i = 1 ; i < U.length; i++) Uquer += U[i];
   Uquer /= U.length;

   UMax = U[0];
   Monat = 0;
   for(i = 1; i < U.length; i++)
   {
     if(U[i] > UMax)
     {
        UMax = U[i];
        Monat = i + 1;
     }
   }

   f.Maximum.value = UMax;
   f.Monat.value = Monat;
   f.Durchschnitt.value = Uquer;
}
</script>
</head>

<body><form  name="form1">
Geben Sie die Monatsums&auml;tze  durch Kommas getrennt ein.
&Uuml;ber die Schaltfl&auml;che Rechnen werden der maximale
und der durchschnittliche Umsatz berechnet.<p>
<table border="0" cellpadding="2" cellspacing="0" bgcolor="gray">
  <tr>
    <th align="left">Monatsums&auml;tze</th>
    <th align="left">Durchschnitt </th>
    <th align="left">Maximum</th>
    <th align="left">Monat</th>
    <td><input type="button" value="Rechnen"
         onclick="Rechnen();"></td>
  </tr>
  <tr>
    <td><input type="text" name="Werte"  size="33"></td>
    <td><input type="text" name="Durchschnitt"  value=""
         maxlength="20"  size="12"></td>
    <td><input type="text" name="Maximum"  value=""
         maxlength="20" size="8"></td>
    <td><input type="text" name="Monat"  value=""
         maxlength="20" size="4"></td>
    <td><input type="reset"  value="Löschen"></td>
  </tr>
</table></form></body></html>
```

Objekte vom Typ *Image*

Im folgenden Beispiel erkennen Sie ein Bildfeld, wo schöne Damen erscheinen, und
darunter vier Pfeile zum Blättern. Die mittleren Pfeile führen zum nächsten bzw.
zum vorherigen Bild, die äußeren zum ersten bzw. dem letzten Bild.

Das Laden von Bildern ist zeitaufwändig, daher sollten alle für eine Seite nötigen
Bilder unmittelbar nach dem Erscheinen der Datei im Browser geladen werden.
Wenn die Datei vom Browser dargestellt ist, wird das Ereignis *onload* des Dokuments
ausgelöst. Dies ist eine gute Gelegenheit, später benötigte Bilder zu laden. Unsere
Seite zeigt zunächst nur eine Grazie und lädt die restlichen Bilder nach, während der
Anwender noch mit dem Betrachten der Seite beschäftigt ist. Die Bilder im Angebot
befinden sich im Unterverzeichnis *bilder* des aktuellen Verzeichnisses und haben die
Namen *frau0.jpg* bis *frau4.jpg*. Um die Anzahl der Bilder variabel halten zu können,
speichere ich die Anzahl in der globalen Variablen *anzpics*. Eine Variable ist **global**,
wenn sie außerhalb einer Funktion definiert wird. Sie kann dann in jeder Funktion
verwendet werden.

Bilder sind in JavaScript Objekte des Typs *Image* und werden durch die Anweisung

```
bild = new Image();
```

oder

```
bild = new Image(Breite,Hoehe);
```

deklariert. Der Inhalt des Bildes wird durch die Eigenschaft *src* festgelegt

```
bild.src = "bilder/frau0.jpg";
```

Objekte des Typs *Image* werden im Cache des Browsers gespeichert und werden daher schnell angezeigt:

```
document.bildfeld.src = bild.src;
```

Im *body* des Dokuments muss also stehen

```
<img name="bild" usw.>
```

Der Aufwand lohnt sich natürlich nur, wenn die Webseite viele Bilder anzuzeigen
hat. Dann werden die Bilder in einem *Array* von Objekten des Typs *Image* gespei-

chert. Dies erfolgt in der Funktion *LoadPics()*, die auf das Ereignis *onload* des Tags *body* reagiert, wie der folgende Auszug aus der Datei *kapitel9/heirat.htm* zeigt:

```
<html><head><title>Bildershow</title>
<script language="JavaScript">
anzpics = 5;//Anzahl der Bilder
actpic = 0;//Index des ausgewaehlten Bildes (0 bis 4)
pics = new Array(anzpics);

function loadPics()
{
    for(j = 0; j < anzpics; j++)
    {
      pics[j] = new Image();
      pics[j].src = "bilder/frau" + j + ".jpg";
    }
}
//Weiterer Code wird noch besprochen

</script>
<body bgcolor="silver"  onload="loadPics();">
<form name="form1"><font face="arial" size="-1">
<b>Heiratsinstitut Herzengl&uuml;ck</b><p>
Unsere Grazien</font><p>
<img src="bilder/frau0.jpg" alt="Erste Grazie" border="0"
            name="bild" width="113" height="127"><br>
<a href="JavaScript:first();"><img src="bilder/first.gif"
   alt="Start" border ="0"></a>
 <a href="JavaScript:next();"><img src="bilder/next.gif"
      alt="Weiter" border="0"></a>
 <a href="JavaScript:prev();"><img src="bilder/prev.gif"
      alt="Vorher" border="0"></a>
 <a href="JavaScript:last();"><img src="bilder/last.gif"
      alt="Ende" border = 0></a>
</font>
</form>
</body>
</html>
```

Sollten neue Bilder hinzukommen, brauche ich nur die Anweisung *anzpics=5;* zu ändern.

Beachten Sie, dass ich zunächst das Array mit dem new-Operator erzeuge und dann jedes Element des Arrays als Objekt der Klasse *Image* ebenfalls mit dem new-Operator konstruiert habe.

Das Blättern

Jeder der vier Pfeile steht innerhalb eines Ankers, welcher über den Pseudo-URL *JavaScript:* eine Funktion aufruft. Die vier Funktionen müssen nur den Index des Bildfelds *pics* festlegen. Dabei steuern die Funktionen *first()* und *last()* den ersten Index, also 0, bzw. den letzten, also *anzpics-1* an. Sie lauten:

```
function last()
{
  actpic = anzpics - 1;
  document.bild.src = pics[actpic].src;
}

function first()
{
  actpic = 0;
  document.bild.src = pics[actpic].src;
}
```

Die Funktionen *next()* und *prev()* erhöhen bzw. verkleinern den Index um den Wert 1. Ist allerdings bereits der größte Index erreicht, wird die Funktion *next()* zurück zum Wert 0 kehren. Entsprechend springt die Funktion *prev()* beim Index 0 zum Index *anzpics-1* vor. Ich verwende in beiden Funktionen den Konditionaloperator:

```
function next()
{
  actpic = (actpic < anzpics - 1) ? actpic + 1 : 0;
  document.bild.src = pics[actpic].src;
}

function prev()
{
  actpic = (actpic > 0) ? actpic - 1 : anzpics - 1;
  document.bild.src = pics[actpic].src;
}
```

Die Funktion *next()* zeigt das jeweils nächste Bild an. Der aktuelle Index steht in der Variablen *actpic*. Hat *actpic* den Wert *anzpics-1*, ist das Ende erreicht und es wird beim Anklicken des zugehörigen Pfeils wieder zum ersten Bild gesprungen. Dieses hat den Index 0. Sie müssen also wie immer beachten, dass Arrays von 0 an gezählt werden.

Die vier Funktionen müssen jetzt nur noch im Code der Datei *kapitel9/heirat.htm* eingesetzt werden.

Assoziative Arrays

Sie sind typisch für Scriptsprachen wie JavaScript oder Perl. Dabei wird der ganzzahlige Index durch eine Zeichenkette ersetzt:

```
Trainer = new Array();
Trainer["Borussia"] = "Sammer";
Trainer["Bayern"] = "Hitzfeld";
```

Assoziative Arrays verknüpfen also Zeichenketten mit Werten und bilden daher eine Gesamtheit von Paaren der Form Eigenschaft->Wert. Damit sind sie auch Objekte, man darf daher auch den Punktoperator verwenden, wobei der Eigenschaftsname dann ohne Anführungsstriche erscheinen muss:

```
Grüß Gott, Herr <script>document.write(Trainer.Bayern);</script>
```

Umgekehrt darf auch jedes Objekt als assoziatives Array aufgefasst werden. Davon macht man gerne bei Bildfeldern Gebrauch. Hat ein Dokument z.B. fünf Bildfelder mit Namen *"bild1"*, *"bild2"*,..., *"bild5"*, und sollen diese Bildfelder mit Bilddateien namens *"karte1.gif"*, *" karte2.gif "*,..., *" karte5.gif "* gefüllt werden, so wird dies über eine Schleife elegant erreicht:

```
for(i=1;i<6;i++) document["bild" + i].src = "karte" + i + ".gif";
```

Listboxen

Nun werden wir ein neues Steuerelement kennen lernen: die **Listbox**. Eine **Listbox** bietet die Auswahl eines Feldes aus einer Liste von Optionen. In der folgenden Abbildung dient eine Listbox bei der Auswahl von Prominenten, welche über diese fiktive Seite für eine Party gebucht werden können. Je nach Auswahl erscheinen ein Bild und ein kleiner Kommentar:

Eine Listbox mit vier Einträgen wird wie folgt erzeugt:

```
<select name="promilb" size="1" onchange="Zeigen();">
  <option value="" selected>W&auml;hlen Sie...</option>
  <option value="Brumm, brumm: $10000">Schumi</option>
  <option value="Keiner locht besser ein: $12000">Tiger</option>
  <option value="Liebt dem Dativ: $100">Verona</option>
</select>
```

Das Tag *select* hat also wie *textarea* ein öffnendes und ein schließendes Tag!

Schon vertraut sollte die Eigenschaft *name* sein, deren Wert das entsprechende Objekt identifiziert und daher einmalig sein muss. Über die Eigenschaft *size* wird festgelegt, wie viele Optionen im ungeöffneten Zustand zu sehen sind, wobei meist 1 gewählt wird. Die Listbox springt auf, wenn der Anwender den kleinen dreieckigen Pfeil anklickt. Das wichtigste Ereignis ist hier aber nicht *onclick*, sondern *onchange*, das ausgelöst wird, wenn zu einer anderen Option gewechselt wird.

Die Inhalte der Listbox stehen zwischen den Tags *<option>* und *</option>*. Jede Option hat die nicht sichtbare Eigenschaft *value*

```
<option value="Brumm, brumm: $10000">Schumi</option>
```

Auf das Tag *</option>* kann verzichtet werden, aber das ist kein guter HTML-Stil.

Die Eigenschaft *selectedIndex*

Der Programmierer muss wissen, welches Feld einer Listbox ausgewählt ist. Der Index des ausgewählten Feldes steht in der Eigenschaft *selectedIndex*. JavaScript wurde - wie schon erwähnt - im Stil der legendären Programmiersprache C entworfen, wo die Indizierung bei 0 beginnt. Daher werden auch die *N* Felder einer Listbox von 0 bis *N-1* indiziert. Die Listbox der Prominenten hat 4 Optionen, die daher von 0 bis 3 indiziert sind! Zur Zeit ist das **dritte** Feld mit dem Index 2 ausgewählt, also hat die Eigenschaft *selectedIndex* der Listbox *promilb* den Wert 2.

Die Listbox wird von den Tags *<select>* und *</select>* eingeschlossen. Ich habe den ersten Eintrag mit der Eigenschaft *selected* zur Vorauswahl gemacht. Der Anwender kann sich für jedes andere Feld, hier etwa das dritte, entscheiden und löst dann das Ereignis *onchange* des Listenfelds aus. Die entsprechende Ereignisbehandlungsfunktion heißt *Zeigen()*. Deren Code lautet:

```
function Zeigen()
{
  f = document.form1;
  i = f.promilb.selectedIndex;
  document.bild.src = f.promilb.options[i].text + ".gif";
  f.kommentar.value = f.promilb.options[i].value;
}
```

Das Attribut *selectedIndex* kommt hier über die Anweisung

```
i = f.promilb.selectedIndex;
```

ins Spiel. Ein Listenfeld bietet dem Anwender verschiedene Optionen, eine davon muss ausgewählt, englisch *selected* werden. Die jeweils ausgewählte Position steht im Attribut *selectedIndex* des Listenfelds. Da in der Abbildung das dritte Feld ausgewählt ist, erhält *i* den Wert 2.

Text und Value bei Listboxen

Eine Listbox besteht aus einer Liste von Optionen. Der Index des ausgewählten Feldes steht in der Eigenschaft *selectedIndex*. Wie alle Bedienfelder haben die Elemente der Liste, also die Optionen, die Eigenschaft *value*. Diese ist für den Anwender nicht sichtbar, aber der Programmierer kann sie verwenden. Die Optionen haben keinen eigenen Namen, und werden deshalb über ihren Index angesprochen.

Wichtig ist die Unterscheidung zwischen den Eigenschaften *text* und *value*. Der Wert der ersten Eigenschaft ist der gerade ausgewählte Text der Listbox. Dieser befindet sich zwischen den Tags *<option>* und *</option>*. Der Wert von *value* bleibt dem Anwender verborgen, aber der Programmierer kann darauf zurückgreifen. Der Wert wird innerhalb des Tags *<option>* definiert.

Die Optionen einer Listbox bilden ein Array mit dem Namen *options*. Dieses Array ist eine Eigenschaft der Listbox. Jedes Element von *options* hat die zwei Attribute *text* und *value*.

Schauen wir uns die obige Listbox an, die zum Formular *form1* gehört, so gilt:

- Die Listbox *promilb* besitzt das Array *options*, das **von 0 bis 3** indiziert ist.

- Zur Zeit ist das Feld *Tiger* mit dem Index 2 ausgewählt, d.h. :

```
document.form1.promilb.selectedIndex hat den Wert 2
document.form1.promilb.options[2].text hat den Wert "Tiger"
document.form1. promilb.options[2].value hat den Wert
      "Keiner locht besser ein: $12000!"
```

Passend zu der Auswahl in der Listbox wird das Bild gewählt. Die Bilder heißen *schumi.gif*, *tiger.gif* und *verona.gif*. Der Dateiname stimmt also bis auf die Erweiterung mit dem ausgewählten Text überein, daher die Anweisung

```
document.bild.src = f.promilb.options[i].text + ".gif";
```

Die Kommentare werden über die Eigenschaft *value* der Optionen der Listbox bestimmt:

```
f.kommentar.value = f.promilb.options[i].value;
```

Der vollständige Code befindet sich in der Datei *kapitel9/promis.htm*:

```
<html><head><title>Promis f&uuml;r die Party</title>
<script language="JavaScript">
function Zeigen()
{
  f = document.form1;
  i = f.promilb.selectedIndex;
  f.kommentar.value = f.promilb.options[i].value;
  document.bild.src = f.promilb.options[i].text + ".gif";
}
</script>
<style>table,textarea,select,body {font-family:tahoma;
                  font-size: 11 pt;}</style>
</head>

<body>
<form name="form1"><font face="tahoma">
<table border="0" cellpadding="5" align="center">
<tr><th colspan="2"><font size="3">Promis f&uuml;r die Par-
ty</font></th>
</tr><tr>
```

```
<td valign="top">
 <select name="promilb" onchange="Zeigen();">
   <option value="" >W&auml;hlen Sie...</option>
   <option value="Brumm, brumm: $10000" selected>Schumi</option>
   <option value="Keiner locht besser ein: $12000">Tiger</option>
   <option value="Liebt dem Dativ: 100 DM">Verona</option>
  </select>
 </td><td rowspan="2"><img src="schumi.gif" border="0" na-
me="bild"></td>
</tr><tr>
 </td><td valign="bottom"><textarea name="kommentar" rows="2"
cols="30"></textarea></td>
</tr></table></form></body></html>
```

Optionsfelder (Radioknöpfe)

Diese werden so genannt, weil sie wie ein Radio die Auswahl eines Elements aus
einer Liste von Optionen ermöglichen. Sie sind daher logisch eng mit den Listboxen
verwandt, aber äußerlich erscheinen sie fast wie Checkboxen. Nur wird diesmal in
ein rundes Feld geklickt und der angewählte Zustand ist an einem schwarzen Punkt
erkennbar. Der Auswahlzustand wird über die Eigenschaft *checked* geregelt mit den
Werten *true* und *false*. Wie alle anderen Bedienfelder haben auch Radioknöpfe die
Eigenschaften *name* und *value* und sind Empfänger der Nachricht *onclick*. Im Gegensatz zu den eigenbrötlerischen Kontrollkästchen sind Optionsfelder gesellig und treten als Familie mit gemeinsamen Namen auf. Die Realisierung innerhalb eines Formulars geschieht wie üblich über Tags, und zwar aus der Inputfamilie:

```
<input type="radio" value="Brumm, brumm."
   name="promis" onclick="Zeigen();">Schumi<p>
<input type="radio" value="Keiner locht besser ein."
 · name="promis" onclick="Zeigen();">Tiger<p>
<input type="radio" value="Gut drauf, statt nur dabei."
   name="promis" onclick="Zeigen();"checked >Verona<p>
```

Der gemeinsame Name *promis* fügt die drei Radioknöpfe zu einer Gruppe zusammen,
wie aber kommt man an ein individuelles Feld? Wie bei Listboxen wird einfach jedem Radioknopf ein Index zugewiesen, der selbstverständlich bei 0 beginnt. Daher
hat *document.form1.promis[0].value* den Wert *"Brumm, brumm"*.

Der dritte Knopf wird anfänglich ausgewählt erscheinen, da *checked* innerhalb des
Tags gesetzt ist. Dies kann sich durch Aktionen des Anwenders allerdings ändern
und man muss dessen Auswahl langatmig erfragen, da die Designer von JavaScript
für Radioknöpfe eine Eigenschaft wie *selectedIndex* vergessen haben:

Erster Teil der Datei *kapitel9/promisradio.htm*

```
<html><head><title>Promis f&uuml;r die Party</title>
<script language="JavaScript">
function Zeigen()
{
  f = document.form1;
```

```
  if(f.promis[0].checked)
  {
    document.bild.src = "schumi.gif";
    f.kommentar.value = f.promis[0].value;
  }
  else if(f.promis[1].checked)
  {
    document.bild.src = "tiger.gif";
    f.kommentar.value = f.promis[1].value;
  }
  else
  {
    document.bild.src = "verona.gif";
    f.kommentar.value = f.promis[2].value;
  }
}
</script>
<style>table,textarea,select,body
  {font-family:tahoma;font-size:x-small;}</style></head>
```

Im Internet-Explorer sieht das dann so aus:

Der reine HTML-Teil ist identisch mit der Listboxversion, nur wird die Listbox durch die drei Radioknöpfe ersetzt, wie der zweite Teil der Datei *kapitel9/promisradio.htm* zeigt:

```
<body>
<form name="form1">
<table border="0" cellpadding="5" align="center">
<tr><th colspan="2"><font size="3">Promis f&uuml;r die Par-
ty</font></th>
</tr><tr>
 <td valign="top">
   <input type="radio" value="Brumm, brumm: $10000" name="promis"
     onclick="Zeigen();">Schumi<p>
   <input type="radio" value="Keiner locht besser ein: $12000"
    name="promis" onclick="Zeigen();">Tiger<p>
   <input type= "radio" value="Gut drauf, statt nur dabei: $100"
    name="promis" checked  onclick="Zeigen();">Verona<br>
```

```
</td><td rowspan="2"><img src="verona.gif" name="bild"></td>
</tr><tr>
 </td><td><textarea name="kommentar" rows="2"
cols="30"></textarea></td>
</tr></table></form></body></html>
```

Aufgaben

Aufgabe 1. Schreiben Sie ein Programm, das nach dem Sternzeichen über eine Listbox fragt und ein Tageshoroskop ausgibt.

Aufgabe 2. Ändern Sie das Mietspiegelprogramm (Aufgabe 1, Kapitel 6) so ab, dass die Auswahl der Baujahrsklasse über ein Listenfeld erfolgt.

Aufgabe 3. Ändern Sie das Mietspiegelprogramm (Aufgabe 1, Kapitel 6) so ab, dass die Auswahl der Baujahrsklasse über eine Gruppe von Optionsfeldern erfolgt.

Aufgabe 4. Konsul Herbert Herzlos, der Boss der Entenhausen U-Bahn AG, will Personal einsparen und am Hauptbahnhof seine netten Schaltergänse durch seelenlose Automaten ersetzen und Sie sollen ihm bei seinem ruchlosen Vorhaben mit einem Programm helfen. Sie erfahren durch hartnäckige Befragung folgende Tarifstruktur:

Es gibt nur drei Zielbahnhöfe: Emil Erpel Monument, Museum des ersten Talers und Gundel Gaukeley Platz, die 10, 12 und 6 km vom Hauptbahnhof entfernt sind. Es gibt einen Kilometergrundpreis von 20 Kreuzern pro gefahrenem Kilometer. Kinder bis 14 Jahren zahlen immer nur die Hälfte, andere Ermäßigungen gibt es nicht. Rückfahrkarten kosten genau doppelt soviel wie einfache Fahrkarten. Werden gleich 5 Fahrkarten gezogen, gibt es eine Fahrt umsonst, für 10 Fahrkarten sogar 3 Fahrten.

Konsul Herzlos möchte eine Listbox für die Auswahl der Bahnhöfe, Kontrollkästchen für die Angaben über Rück- bzw. Kinderfahrkarte und Optionsfelder für die Auswahl der Fahrkartenanzahl. In einem normalen Textfeld erscheint der Preis, in einem mehrzeiligen Textfeld wird die Fahrkarte beschrieben. Der jeweils gewählte Bahnhof soll als Bild erscheinen.

Aufgabe 5. Erweitern Sie die Seite des Heiratsinstituts so, dass auch durch die Galerie der Mannsbilder geblättert werden kann.

10 Rahmen und Fenster

Bisher wurde im Browser immer genau ein Dokument angezeigt. Es ist aber möglich, das Ansichtsfenster des Browsers in mehrere **Rahmen** genannte rechteckige Bereiche einzuteilen, wobei jeder Rahmen eine eigene HTML-Datei darstellt. Die Aufteilung wird durch eine spezielle Datei, die sogenannte Indexdatei, erzeugt. Mit JavaScript können aber auch neue Browserfenster erzeugt werden. Diese liegen dann über, unter oder neben dem bisherigen Fenster.

Rahmenlisten

In der folgenden Abbildung ist das Browserfenster in zwei Rahmen geteilt. Diese liegen übereinander und bilden daher Zeilen, englisch *rows*.

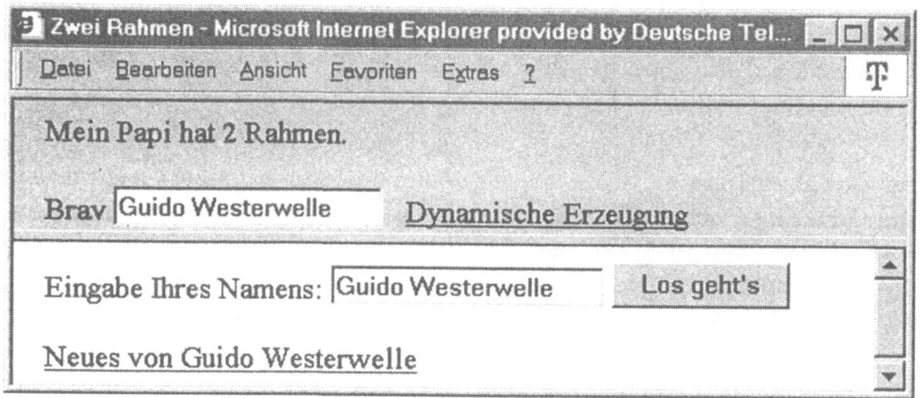

Die Aufteilung wird von einer sogenannten Indexdatei vorgenommen. Diese hat folgenden Inhalt

Datei *kapitel10/twoframes/index.htm*

```
<html>
<head><title>Zwei Rahmen</title>
<script language="JavaScript">
function change(top_dat, bottom_dat, titel)
{
  obenR.location = top_dat;
  untenR.location = bottom_dat;
  document.title =  titel;
}
</script>
</head>

  <frameset frameborder="1" framespacing="5"  border="5"
  rows="20%,*">
    <frame src="oben.htm" name="obenR"  marginwidth="20"
    marginheight="10" scrolling="no">
```

```
    <frame src="unten.htm" noresize name="untenR" marginwidth="20"
     marginheight="10">
    <noframes>
      <body bgcolor="red" >Keine Frames, eh!?</body>
    </noframes>
   </frameset>
```

```
</html>
```

Die Indexdatei teilt das Fenster in zwei Zeilen. Indexdateien haben selbst keinen Inhalt. Nach dem üblichen Kopf mit Titel und eventuellem JavaScript-Code folgt die Anweisung *<frameset>* und später dann *</frameset>*. Die Übersetzung von *frameset* heißt Rahmenliste, die wichtigsten Attribute dieser Anweisung erzeugen daher Rahmen, und zwar untereinander oder nebeneinander. Die Rahmeninhalte werden mit dem Tag *<frame src="URL">* bestimmt, wobei *URL* die Adresse der entsprechenden Datei ist.

Verwechseln Sie bitte nicht den Namen der Rahmen, hier also *obenR* und *untenR*, mit dem Namen der dargestellten Dateien *"oben.htm"* und *"unten.htm"*.

Kümmern Sie sich bitte zunächst nicht um den fett markierten Code.

Aufteilung in Zeilen

Im obigen Beispiel sind die Rahmen in Zeilen (engl: rows) angeordnet, die Eigenschaft heißt somit:

```
rows="hoehe1,hoehe2,...,hoeheN"
```

Die Angabe kann auch hier direkt in Pixel erfolgen oder relativ zur Größe des Browserfensters, abhängig davon ob der Zahl noch ein Prozentzeichen folgt. Durch

```
<frameset rows="100,500,400">
```

werden drei Rahmen erzeugt, die Höhen von 100, 500 bzw. 400 Pixel haben.

Stimmt leider nicht! Da die Rahmen das gesamte Fenster in Beschlag nehmen und kein freier Raum bleibt, wird die Aufteilung proportional zur Breitenangabe vorgenommen, der erste Rahmen nimmt somit 10%, der zweite 50% und der dritte 40% des gesamten Fensters ein.

Pixelgenaue Einteilung erfolgt über das Jokerzeichen *. Der zugehörige Rahmen erhält die restliche Breite oder Höhe:

```
<frameset rows="100,*,400">
```

Der obere und der untere Rahmen haben jetzt tatsächlich Höhen von 100 bzw. 400 Pixel und der mittlere Rahmen füllt den Rest des Fensters.

Sollen dagegen die Rahmen im Verhältnis 1:5:4 aufgeteilt werden, ist die Angabe über das Prozentzeichen angebracht:

```
<frameset rows="10%,50%,40%">
```

Auch hier könnte an einer Stelle das Jokerzeichen stehen. Es ist natürlich auch möglich die Angaben zu mischen:

```
<frameset rows="100,50%,*">
```

Der erste Rahmen hat eine Höhe von genau 100 Pixel, der zweite beansprucht die Hälfte des Fensters und der dritte Rahmen bescheidet sich mit dem Rest.

Aufteilung in Spalten

Die Rahmen können selbstverständlich auch nebeneinander stehen, die entsprechende Eigenschaft ist *cols*. Durch

```
<frameset cols="100,*,400">
```

werden drei Rahmen nebeneinander angeordnet, wobei der linke 100, der rechte 400 Pixel breit ist und der mittlere den Rest einnimmt. Das Jokerzeichen ist auch hier weitverbreitet, so führt etwa

```
<frameset rows="100,*,40%">
```

zu drei Rahmen. Der linke hat die Breite von 100 Pixel, der rechte breitet sich über 40% des Fensters aus und der mittlere nimmt, was übrig bleibt.

Berandung

Die Rahmen können berandet sein, abhängig davon, ob die Eigenschaft *frameborder* den Wert 1 oder 0 hat. Im ersten Fall sind die Rahmen berandet, im zweiten nicht. Die Dicke der Rahmen lässt sich ebenfalls einstellen und zwar im Internet-Explorer mit der Eigenschaft *framespacing="Wert in Pixel"* und bei Netscape durch *border="Wert in Pixel"*. Um unabhängig zu bleiben, sollte man einfach beide Angaben machen

```
<frameset frameborder="1" framespacing="5"  border="5"
    bordercolor="red" rows="20%,*">
```

Das führt zu hässlichen dicken Rändern. Meistens wird über *frameborder="0"* auf Ränder verzichtet. Beharrt man auf Ränder, kann man den geschmacklosen Eindruck noch durch deren Einfärben verstärken. Das entsprechende Attribut ist *bordercolor*.

Rahmeninhalte

Innerhalb der Tags *<frameset>* und *</frameset>* werden über die Anweisung *<frame>* die Inhalte der Rahmen festgelegt. Das wichtigste Attribut von *<frame>* ist somit:

```
src="URL"
```

Die zum URL gehörende Datei wird in dem entsprechenden Rahmen dargestellt. Die Eigenschaft *scrolling* bezieht sich auf die Laufleisten des Rahmens:

```
scrolling="no oder yes oder auto"
```

Die Voreinstellung ist *auto*, womit nur im Bedarfsfall Laufleisten erscheinen. Beim Wert *yes* sind dagegen immer und beim Wert *no* niemals Laufleisten vorhanden.

Mit den Eigenschaften *marginwidth="AngabeInPixel"* und *marginheight="AngabeInPixel"* werden Abstände des Inhalts zu den linken und rechten bzw. den oberen und unteren Rändern festgelegt.

Die Eigenschaft *noresize* hat keinen Wert und bewirkt, dass der Rahmen nicht durch Ziehen mit der Maus in seiner Größe verändert werden kann.

Rahmen erhalten zur Identifikation oft einen Namen, wie etwa *obenR* und *untenR*.

Die Indexdatei und die Inhalte aller Rahmen sind HTML-Dokumente, daher können sowohl *<frameset>* als auch *<frame>* auf die Nachrichten *onload* und *onunload* reagieren.

Das Tag *<noframes>*

Manche ältere Browser können keine Rahmen darstellen. Indexdateien sorgen in diesem Fall über die Tags *<noframes>* und *</noframes>* für einen Ersatz. Dazwischen können die üblichen HTML-Anweisungen stehen, deren Inhalt dann dargestellt wird. Die Tags stehen innerhalb der Tags *<frameset>* und *</frameset>*.

Die Eigenschaft *parent*

Das Fenster ist in zwei Rahmen aufgeteilt, wobei in jedem Rahmen eine HTML-Datei angezeigt wird. Jede Datei hat die üblichen Eigenschaften wie *document*. Aus der Sicht der untergeordneten Dateien ist die Indexdatei das Elternteil, englisch *parent*. Über die Eigenschaft *parent* und ihren jeweiligen Namen können die einzelnen Dokumente kommunizieren. Die Datei des unteren Fensters hat über

```
parent.obenR.document.form1.ausgabe.value
```

Zugriff auf das Textfeld *ausgabe* des oberen. Dabei ist *parent* die übergeordnete Indexdatei, *obenR* der Name des oberen Rahmens, *document* wie immer das zugehörige Dokument, *form1* der Name des Formulars, worauf das Textfeld liegt. Die Anzahl der Rahmen kann über

```
parent.frames.length
```

abgefragt werden. Der Inhalt des oberen Rahmens ist die folgende Datei

Datei *kapitel10/twoframes/oben.htm*:

```
<html><head></head>
<body bgcolor="silver" text="#000000" >
   <form name="form1">
   Mein Papi hat <script language="JavaScript">
   document.write(parent.frames.length)</script> Rahmen.<p>
   Brav <input type="text" name="ausgabe">  
   <a href=JavaScript:parent.change('obendyn.htm',
                           'untendyn.htm','Dynamik!!');">
   Dynamische Erzeugung</a>
   </form></body></html>
```

Der Anker *Dynamische Erzeugung* ruft über den Pseudo-URL *JavaScript:* die Funktion *change()* der Indexdatei auf. Ich komme darauf später zurück.

Mit der Methode *write* des Dokuments wird die Anzahl der Rahmen ausgegeben. Da diese Methode zu JavaScript gehört, muss sie innerhalb der Tags *<script>* und *</script>* stehen. Weiter befindet sich auf dem Dokument ein Formular namens *form1*, welches ein Textfeld besitzt. Dessen Inhalt wird von dem unteren Dokument bestimmt. Dieses lautet:

Datei *kapitel10/twoframes/unten.htm*:

```
<head>
<script language="JavaScript">

function Zeigen()
{
   untenform = document.form1;
   obenform = parent.obenR.document.form1;
   obenform.ausgabe.value = untenform.inp.value;
}

</script>

</head>
<body bgcolor="#ffffff" text="#000000" >
<form name="form1">
   Eingabe Ihres Namens: <input type="text" name="inp">
   <input type="button" value="Los geht's"
      onclick="Zeigen();">
</form>
<a href="http://www.fdp.de/" target=_top>
Neues von Guido Westerwelle</a>
</body></html>
```

Auch dieses Dokument hat ein Formular mit dem schönen Namen *form1*. In der von der Schaltfläche ausgelösten Funktion *Zeigen()* wird das untere Formular durch *document.form1* und das obere über *parent.obenR.document.form1* erreicht. Dabei ist *obenR* der Name des oberen Rahmens. Nachdem die Schaltfläche betätigt wurde, steht in den beiden Textfeldern derselbe Inhalt.

Verweise

Verweise erfolgen über Anker. Grundsätzlich wird die neue Datei im gleichen Rahmen angezeigt. Das lässt sich aber über das Attribut *target* leicht ändern. Man gibt einfach den Namen des Rahmens an, worin die neue Datei erscheinen soll

```
<a href="http://www.fdp.de" target="obenR">
```

Die neue Datei wird im Rahmen *obenR* angezeigt. Enthält eine Datei viele Verweise und werden die meisten im gleichen Rahmen angezeigt, kann man sich die Arbeit durch die Anweisung

```
<head>
<!--Beliebige Tags --->
<base target="obenR">
</head>
```

erleichtern.

Die Steueranweisung *<base target="Rahmenname">* **muss im Kopf stehen!**

HTML kennt vier vordefinierte Namen von Rahmen, die alle mit einem Unterstrich beginnen. Ich führe sie in der folgenden Liste auf:

Name	Beschreibung
`_blank`	Die neue Datei wird in einem neuen Fenster angezeigt, das alte Fenster bleibt erhalten.
`_parent`	Die neue Datei wird im Rahmen der zugehörigen Indexdatei angezeigt.
`_top`	Die neue Datei wird im ganzen Browserfenster angezeigt, die Rahmenstruktur wird gelöscht.
`_self`	Die neue Datei wird im gleichen Rahmen angezeigt.

Die Seite der FDP erscheint also mit dieser Anweisung in einem neuen, eigenen Fenster

```
<a href="http://www.fdp.de/index.htm" target="_blank">
```

und damit im ganzen bisherigen unter Aufhebung der Rahmenstruktur

```
<a href="http://www.fdp.de/index.htm" target="_top">
```

Die Eigenschaften *top*, *self* und *location*

Für die HTML-Attribute *_self* und *_top* gibt es in JavaScript die Eigenschaften *self* und *top*. Dabei bezieht sich *self* auf den eigenen Rahmen und *top* auf das ganze Fenster. Für ein Dokument ohne Rahmen gilt natürlich:

```
top == parent == self
```

Viele Webdesigner wollen nicht, dass ihre Datei im Rahmen einer anderen Webseite auftaucht. Dies wird durch folgende Anweisung im **Header** erreicht:

```
if(top != self) top.location = self.location;
```

Die Eigenschaft *location* eines Fensters oder Rahmens verweist auf den URL der dargestellten Datei. Über diese Eigenschaft lässt sich der Inhalt auswechseln, z.B. führt die Anweisung

```
self.location = "http://www.spiegel.de";
```

zum Laden der Homepage des Spiegels. Der Spiegel verwendet keine Rahmen und möchte auch nicht in einem solchen erscheinen. Die Dateien haben daher die oben beschriebene Anweisung *if(top != self) usw.* im Header und machen sich deshalb im ganzen Fenster breit.

Verweise über JavaScript

Verweise über einen Anker bringen immer genau eine neue Datei zum Vorschein. Oft möchte man die Rahmenstruktur erhalten, aber einige oder alle Inhalte austauschen. Ein Versandhaus könnte etwa mit drei Rahmen arbeiten, wobei oben die jeweilige Abteilung, links das zugehörige Inhaltsverzeichnis und rechts der gerade ausgewählte Inhalt erscheint. Wechselt der Anwender von Spielwaren zu Herrenoberbekleidung, soll die Rahmenstruktur erhalten bleiben, aber die Inhalte aller Rahmen ausgetauscht werden.

Im Beispiel dieses Kapitels werden nur zwei Rahmen verwendet. Der Verweis *Dynamische Erzeugung* soll die Inhalte der beiden Rahmen wechseln. Normalerweise können Anker aber immer nur eine neue Datei laden. Deshalb verwende ich Funktion *change()* der Indexdatei, die über den Pseudo-URL *JavaScript:parent.change('obendyn.htm', 'untendyn.htm','Dynamik!!')* aufgerufen wird. Der Code steht am Anfang des Kapitels in fetter Schrift:

```
function change(top_dat, bottom_dat, titel)
{
   obenR.location = top_dat;
   untenR.location = bottom_dat;
   document.title =  titel;
}
```

Die beiden ersten Anweisungen ersetzen in den Rahmen *obenR* bzw. *untenR* die Inhalte über die Eigenschaft *location* durch die aktuellen Parameter von *top_dat* bzw. *bottom_dat*. Dies sind die Dateien *'obendyn.htm'* und *'untendyn.htm'*. Die dritte Anweisung ersetzt den Titel. Schauen Sie bitte auf die nächste Abbildung, wo die neuen Inhalte zu sehen sind. Der Inhalt des oberen Rahmens wird später dynamisch verändert. Wie das geht, folgt jetzt.

Dynamische Erzeugung von Inhalten

Die Datei des unteren Rahmens verändert den Inhalt des oberen dynamisch. Die Schaltfläche mit der Beschriftung *Los geht's* ruft den Code der Funktion *Erzeugen()* auf. Ich sammle den neuen Code in der Variablen *str*, die ich mit dem Operator += schrittweise fülle. Ich verwende außen Apostrophe und innen Anführungszeichen.

Die Quelldatei *kapitel10/twoframes/untendyn.htm* des unteren Rahmen lautet:

```
<head>
<script language="JavaScript">
function Erzeugen()
{
    odoc = parent.obenR.document;
    uform = parent.untenR.document.form1;
    odoc.clear();
    odoc.open();
    str = '<html><head></head><body><font face="arial">';
    str +=' Ich wurde dynamisch erzeugt!</b><p>';
    str += 'Mein Papi hat ' + parent.frames.length + ' Rahmen';
    str += '<br>Brav,  ' + uf.inp.value + '</font></body></html>';
    odoc.write(str);
    odoc.close();
}
</script>
</head><body bgcolor="#ffffff" text="#000000" >
<form name="form1">
  Eingabe Ihres Namens: <input type="text" name="inp">
  <input type="button" value="Los geht's"
    onclick="Erzeugen();">
</form></body></html>
```

Zunächst erscheint dieses Browserfenster:

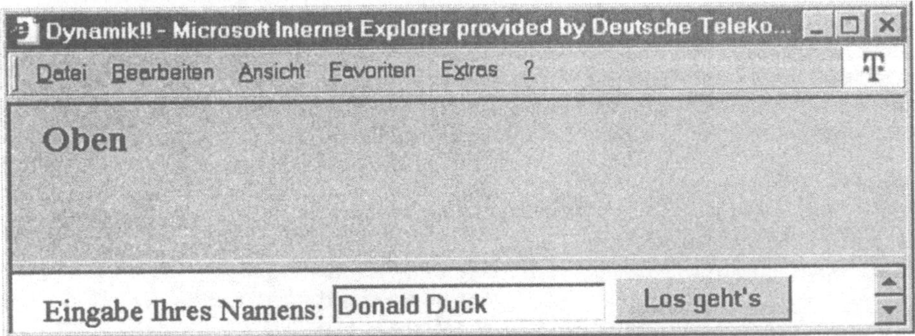

Der untere Rahmen hat eine Schaltfläche und ein Textfeld. Die Eingabe erscheint im oberen Rahmen, wenn die Schaltfläche geklickt wurde. Der Inhalt des oberen Rahmens wird also dynamisch vom unteren erzeugt.

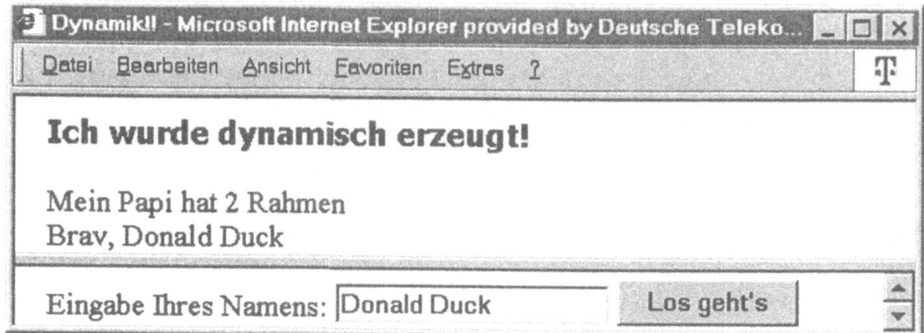

Ich verwendete folgende Methoden des Objekts *document*:

Name	Beschreibung
clear()	Der Inhalt der Datei wird gelöscht.
open()	Die Datei wird zum Beschreiben geöffnet.
close()	Die Datei wird geschlossen.
write()	Erzeugung von neuem HTML-Code.

Aufteilung in Zeilen und Spalten

Viele Webdesigner teilen ihre Seiten sowohl in Zeilen als auch in Spalten auf. Dafür werden mehrere *<frameset>* Tags geschachtelt. Eine Aufteilung in zwei Zeilen und zwei Spalten erfolgt in der Quelldatei *kapitel10/fourframes/index.htm* durch:

```
<html><head><title>Vier Rahmen</title></head>
<frameset  frameborder="1" framespacing="2" border="2"
       rows="50%,*">
 <frameset frameborder="1" framespacing="2"  border="2"
       cols="50%,*">
  <frame src="lo.htm" name="lo" marginwidth="0" marginheight="0">
  <frame src="ro.htm" name="ro" marginwidth="10"
                            marginheight="5">
 </frameset>
 <frameset frameborder="1" framespacing="2" border="2"
        cols="60%,*">
  <frame src="lu.htm" name="lu" marginwidth="10"
                            marginheight="5">
  <frame src="ru.htm" name="ru" marginwidth="10"
                            marginheight="5">
 </frameset>
 <noframes> <body>Keine Rahmen, eh?</body>  </noframes>
</frameset>
</html>
```

Die Tags *<frameset>* und *</frameset>* sind verschachtelt. Das äußere Paar teilt das Fenster zunächst in zwei gleich hohe Zeilen. Die beiden inneren Paare teilen die zu-

gehörige Zeile in je zwei Spalten. Damit ist Raum für vier HTML-Dateien. Die
Schaltfläche im rechten unteren Rahmen sorgt dafür, dass der Inhalt des Eingabefelds im linken unteren Rahmen auch im Eingabefeld des rechten oberen erscheint.
Der Inhalt der Datei links oben wird in Abhängigkeit des Inhalts des Eingabefelds
dynamisch erzeugt. Die Dateien kommunizieren untereinander über ihre Namen und
die Eigenschaft *parent*.

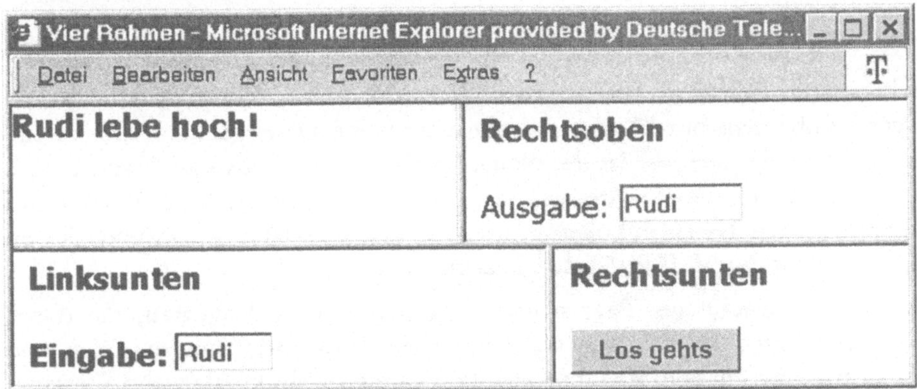

Durch Verschachtelung der Tags <*frameset*> wird auch die folgende Aufteilung in
drei Rahmen bewirkt:

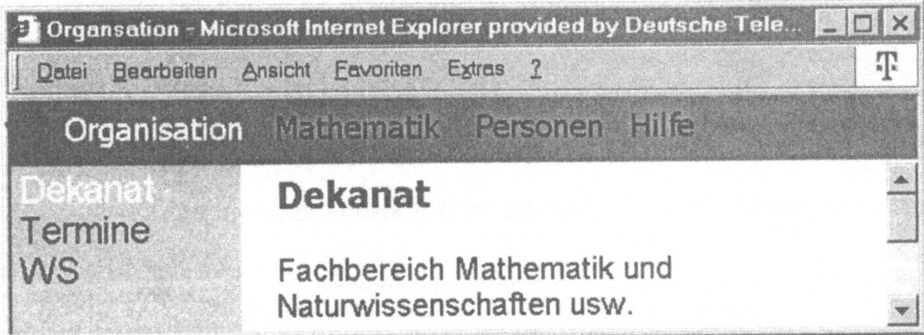

Die zugehörige Indexdatei *kapitel10/threeframes/index.htm* lautet:

```
<html><head><title>Organsation</title></head>
<frameset frameborder="0" rows="40,*">
  <frame src="oben.htm" scrolling="no" name="oben"
            marginwidth="0" marginheight="0" >
  <frameset framespacing="0" cols="145,*">
    <frame src="links.htm" name="links"
            marginwidth="5" marginheight="5">
    <frame src="dekanat.htm" noresize name="main"
            marginwidth="0" marginheight="0">
  </frameset>
  <noframes><body bgcolor="#ffffff" >  </body></noframes>
</frameset></html>
```

Fenster

Man kann mit Ankern neue Fenster erzeugen, wenn als Wert von *target* der Standard-name *_blank* eingesetzt wird. Das neue Fenster nimmt den ganzen Bildschirm ein und liegt über dem bisherigen. Mit Hilfe von JavaScript lassen sich aber auch Fenster erzeugen, die eine bestimmte Größe und ein festgelegtes Erscheinungsbild haben. Der Befehl lautet

```
hwin=open("URL","Name","Merkmalsliste");
```

Der erste Parameter bestimmt die Adresse (URL) der Datei, die im neuen Fenster angezeigt wird. Gibt man nur "" an, wird zunächst keine Datei geladen. Der zweite Parameter ist ein wenig nebulös. Ist der Name bereits bekannt, etwa als Namen eines Rahmens, so wird kein neues Fenster erzeugt, *hwin* ist dann lediglich ein Verweis auf diesen Rahmen. Ist der Name unbekannt, wird ein neues Fenster konstruiert, dessen Aussehen vom Inhalt der Merkmalsliste bestimmt wird.

Die Merkmalsliste besteht aus Paaren von Eigenschaften und Werten, die durch Kommas getrennt sind. Diese Liste steht innerhalb von Anführungsstrichen und sollte keine Leerzeichen haben. Es gibt folgende Paare von Merkmalen und Werten:

Merkmal	Werte	Beschreibung
width	Zahl	Breite des Fensters
height	Zahl	Höhe des Fensters
screenX	Zahl	Abstand des Fensters vom linken Rand
screenY	Zahl	Abstand des Fensters vom oberen Rand
menubar	yes/no	Menüleiste vorhanden?
toolbar	yes/no	Symbolleiste vorhanden?
location	yes/no	Adressfeld für URL vorhanden?
directories	yes/no	Liste von Verweisen vorhanden?
status	yes/no	Statuszeile vorhanden?
resizable	yes/no	Lässt sich Größe des Fensters verändern?
scrollbars	yes/no/auto	Ziehbalken vorhanden?

Bei den Merkmalen, die nur die Werte *yes* oder *no* haben, braucht nur das Merkmal aufgeführt zu werden, der Wert wird dann *yes*. Fehlt das Merkmal, wird *no* eingestellt. Fehlt das Merkmal *scrollbars*, wird als Wert *auto* genommen. Ziehleisten erscheinen dann nur, wenn der Inhalt nicht ganz in den Rahmen passt.

Die Anweisung

```
hwin=open("help.htm","hilfe","width=100,height=200,status");
```

lädt die Hilfedatei *help.htm* in ein Fenster, das nur über eine Statuszeile verfügt.

JavaScript-Code des ursprünglichen Fensters kann über den Namen *hwin* auf das neu erzeugte Fenster zugreifen und dieses z.B. mit der Methode *close()* schließen:

```
hwin.close();
```

Das neue Fenster kann sich mit der Methode *close()* auch selbst schließen und kann auf den Erzeuger über die Eigenschaft *opener* zugreifen. Nach der Anweisung

```
url = opener.location;
```

enthält die Zeichenkette *url* den URL der Datei des Erzeugerfensters.

Die Eigenschaft *history*

Moderne Browser speichern die besuchten Seiten im Cache und erlauben damit ein schnelles Blättern innerhalb der geladenen Seiten. JavaScript ermöglicht ebenfalls das Wechseln zu besuchten Seiten. Die Liste der URL der besuchten Seiten wird in einem speziellen Objekt gespeichert, dem Objekt *history*. Dieses Objekt ist Eigenschaft des Windowobjekts und besitzt eine Reihe von Eigenschaften und Methoden.

Die wichtigsten Eigenschaften sind *length*, sowie *previous*, *current* und *next*. Die Eigenschaft *length* hat die Anzahl der im Objekt *history* gespeicherten Seiten als Wert, während die Werte der drei anderen Eigenschaften die URL der vorigen, der gegenwärtigen bzw. der nächsten Seite sind.

Zum Blättern durch die Liste der im Objekt *history* gespeicherten Seiten dienen die Methoden *back()*, *forward()* und *go(Zahl)* . Von der aktuellen Seite aus gesehen führen die Anweisungen

```
history.back();history.forward(),history.go(+2);history.go(-3);
```

zunächst eine Seite zurück, dann wieder vorwärts zur anfänglich aktuellen Seite, von hier weiter zwei Seiten voran und dann zurück zur Vorgängerseite der anfänglich aktuellen Seite.

Ein Beispiel mit neuen Fenstern

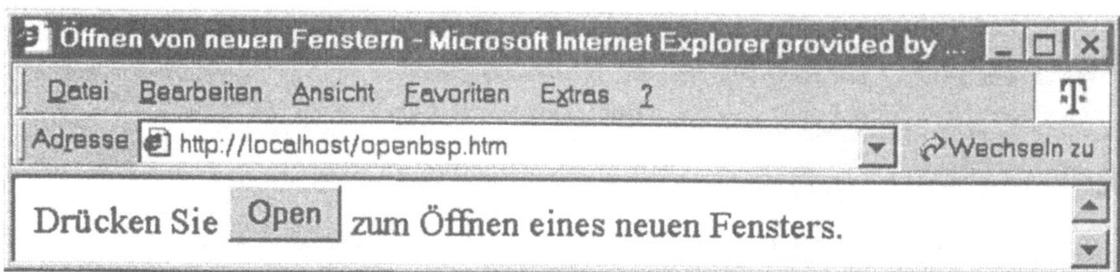

Ich werde hier ein neues Fenster erzeugen, das eine Schaltfläche enthält, die das Rückwärtsblättern zu den besuchten Seiten des Erzeugerfensters ermöglicht. Das Fenster besteht aus wenig Text und einer Schaltfläche. Diese löst über das Ereignis *onclick* die Funktion *Open()* aus. In dieser Funktion wird dynamisch ein neues Fenster erzeugt:

```
newwin=open("","nn","scrollbars,width=430,height=50,resizable");
```

Dieses Fenster hat die angegebenen Maße, welche durch Ziehen der Maus verändert werden können. Dem Fenster mangelt es an fast allem: keine Leisten für Menü, Symbole, Adresse oder Status. Es wird auch keine Datei geladen, wie an dem leeren Inhalt zwischen den ersten Anführungsstrichen zu erkennen ist. Der Inhalt wird vom alten Fenster über JavaScript dynamisch erzeugt. Dazu wird das Objekt *newwin.document* zunächst geöffnet, dann wird über die Methode *write()* der Inhalt festgelegt und abschließend das Dokument wieder geschlossen. Das darf nicht vergessen werden.

Der Inhalt steht in der Variablen *html*. Ich benutze Apostrophe für die äußere Java-Script-Struktur und Anführungsstriche in der inneren HTML-Struktur. Damit der Browser die beiden Strukturen nicht durcheinander bringt, habe ich den gesamten JavaScript-Code als HTML-Kommentar verpackt. Die Tags <!-- und --> habe ich wiederum als JavaScript-Kommentar von JavaScript abgesetzt. Nach diesem Schema kann man sehr einfach dynamische Webseiten herstellen.

Der Quelltext der erzeugenden Datei *kapitel10/openbsp* lautet:

```
<html><head><title>Öffnen von neuen Fenstern</title>
<script language="JavaScript">
//<!--
html = '<html><head><title>Das neue Fenster</title>';
html += '<script language="JavaScript">';
html += 'function Back(){opener.history.back();';
html += 'document.f1.url.value=opener.location;}';
html += '</script></head>';
html += '<body onload="document.f1.url.value=opener.location;">';
html += '<form name="f1">Dr&uuml;cken Sie den folgenden Button';
html += ' zur Anzeige der bisher besuchten Seiten.<br>';
html += '<input type="button" value="Zur&uuml;ck "';
html += ' onclick="Back();">';
html += '  <input type="text" name="url" size="40">';
```

```
html += '</form></body></html>';

function Open()
{
  newwin=open("","nn","scrollbars,width=430,height=50,resizable");
  newwin.document.open();
  newwin.document.write(html);
  newwin.document.close();
}
//-->
</script>
</head><body><form name="form1">
Dr&uuml;cken Sie <input type="button" value="&Ouml;ffnen"
    onclick="Open();"> zum &Ouml;ffnen eines neuen Fensters.<br>
</form></body></html>
```

Die erstellte neue Webseite sieht so aus:

Mit der Schaltfläche *Zurück* kann dann im alten Fenster rückwärts geblättert werden.

Aufgaben

Aufgabe 1. Teilen Sie das Fenster in zwei Rahmen. Der obere Rahmen erfragt Gewicht und Größe und enthält eine Schaltfläche zur Ausgabe des sogenannten BMI(Body Mass Index) im zweiten Rahmen. Dieser ist definiert durch die Formel

```
BMI = Gewicht in Kilogramm (kg) / Körpergröße (m)².
```

etwa 60/1,75*1,75 für eine Person mit 60 kg Gewicht und einer Körpergröße von 175 cm. Der BMI kann in die Intervalle <17 (Magersucht), 17-25 (ideal), 25 bis 35 (leichtes Übergewicht) und >35 (bedenkliches Übergewicht) eingeteilt werden.

Aufgabe 2. Teilen Sie das Fenster in drei Rahmen. Der obere Rahmen enthält drei Sportarten, etwa Fußball, Tennis und Basketball. Der linke Rahmen zeigt jeweils drei Länder, aber für jede Sportart unterschiedlich, z.B. bei Basketball USA, Italien und Litauen, bei Tennis USA, Deutschland und Frankreich. Im dritten Rahmen steht dann der eigentliche Inhalt, etwa bei der Auswahl Fußball und Deutschland die aktuelle Tabelle der Bundesliga.

Aufgabe 3. Erstellen Sie eine Seite, wo über eine Schaltfläche neue Fenster erzeugt werden, ohne die bereits erstellten Fenster zu überschreiben. Jedes neue Fenster soll eine Schaltfläche enthalten, womit das erstellte Fenster wieder geschlossen werden kann. Die Titelleisten sollen lauten 1. Fenster, 2. Fenster usw.

Aufgabe 4. Erweitern Sie das Fahrkartenprogramm so, dass die Fahrkarte in einem neuen Fenster erscheint.

11 Funktionen

Funktionen enthalten Anweisungen, die an vielen Stellen des Programms benötigt, aber nur einmal geschrieben werden. Programme werden dadurch knapper und übersichtlicher. Ein einfacher Aufruf der Funktion setzt deren Code in Gang, etwa *Math.sin(3.14)* eine komplizierte numerische Prozedur zur Berechnung dieses Ausdrucks. Dieselbe Prozedur wird zur Berechnung von *Math.sin(2.1)* nötig, nur tritt nun 2.1 an die Stelle von 3.14. Die Grundidee besteht darin, ganz von den konkreten Werten abzuheben und einen generellen Stellvertreter (etwa *x*) einzusetzen, an dessen Stelle dann beim Funktionsaufruf die tatsächlichen Werte treten.

Mathematische Funktionen

JavaScript stellt viele Standardfunktionen zur Verfügung und sammelt diese im Objekt *Math*. Zum Runden gibt es z.B. die Methoden *round(Zahl)*, *ceil(Zahl)* und *floor(Zahl)*. Die Methode *round* rundet das Argument *Zahl* auf die nächste ganze Zahl auf oder ab, während *ceil* und *floor* immer auf- bzw. abrunden. Daher gilt:

```
Math.round(5.25)  = 5
Math.round(-5.25) = -5
Math.ceil(5.25)   = 6
Math.ceil(-5.25)  = -5
Math.floor(5.25)  = 5
Math.floor(-5.25) = -6
```

Möchte man etwa die Anzahl aller Schaltjahre zwischen 1901 und 2019 wissen, so gibt der Ausdruck

```
Math.floor((2019 - 1901)/4)
```

die Antwort.

Das Objekt *Math* enthält noch viele weitere mathematische Funktionen:

```
Math.abs(Zahl)    // Absolutbetrag
Math.asin Zahl)   // Arcus-Sinus
Math.acos(Zahl)   // Arcus-Cosinus
Math.atan Zahl)   // Arcus-Tangens
Math.exp(Zahl)    // Exponentialfunktion
Math.log(Zahl)    // natürlicher Logarithmus
Math.sin Zahl)    // Sinus
Math.cos(Zahl)    // Cosinus
Math.tan(Zahl)    // Tangens
Math.sqrt(Zahl)   // Quadratwurzel
```

Hinzu kommen folgende Funktionen mit zwei Parametern:

```
Math.max(a, b)    // Maximum von a und b
Math.min(a, b)    // Minimum von a und b
Math.pow(a, b)    // berechnet a^b
```

Pseudozufallszahlen zwischen 0 und 1 liefert die folgende Methode, die natürlich keinen Parameter hat:

```
Math.random()// Zufallszahl zwischen 0 und 1
```

Diese Funktion wird für Spiele verwendet, um etwa einen Würfel zu simulieren:

```
wurf = Math.ceil(Math.random()*6);
```

Syntax von Funktionen

Wie *Math.sin(x)* erlauben die meisten Funktionen die Übergabe von Parametern. Die übergebenen Parameter heißen *aktuelle Parameter*, doch deren Werte sind beim Schreiben der Funktion nicht bekannt, nur ihr Typ. Daher erlaubt der Rechner *Math.sin(3.14)* und weist *Math.sin("Hans")* ab. Stellvertretend für die aktuellen Parameter stehen im Code einer Funktion die formalen Parameter, z.B. bei *Math.sin(x)* der formale Parameter *x* für alle reellen Zahlen.

Funktionen haben die allgemeine Form

```
function funk(Parameter1,Parameter2,...,ParameterN)
{
   Code
}
```

Zum Standard von JavaScript gehören Funktionen für den Absolutbetrag, meine Version soll daher zur Unterscheidung *MyAbs()* heißen. Der Code ist simpel:

```
function MyAbs(x)
{
   if (x >= 0)return x;
   return -x;
}
```

Die allgemeine Form der ***return***-Anweisung lautet:

```
return Ausdruck;
```

Der aktuelle Wert des Ausdrucks wird dann dort eingesetzt, wo die Funktion aufgerufen wird. Manche Funktionen geben keinen Wert zurück, dann lautet die return-Anweisung einfach

```
return;
```

Nach der return-Anweisung wird die Funktion beendet, auch wenn noch weiterer Code folgt.

Falls die if-Bedingung in der obigen Funktion wahr ist, wird *x* zurückgegeben und die Funktion **sofort** verlassen. Ich benötige daher kein *else*, da die Anweisung *re-*

turn - *x* nur erreicht wird, wenn *x* negativ ist. Eine Funktion kann beliebig viele return-Anweisungen haben.

Funktionen erfordern also keine neue Syntax und sind trotzdem schwer zu vermitteln. Zu beachten ist, dass die Anweisungen in Funktionen zunächst ohne Wirkung
sind! Funktionen werden auf Vorrat geschrieben und müssen erst durch einen Aufruf
in Gang gesetzt werden. Der Rechner nimmt daher Funktionen zunächst nur zur
Kenntnis, überprüft die syntaktische Korrektheit und unternimmt dann nichts weiter.
Erst beim Aufruf kommt die Maschinerie in Bewegung.

Ein Währungsbeispiel

Funktionen kommen über Ereignisse ins Spiel, können aber auch von anderen Funktionen aufgerufen werden. Beim Aufruf werden die formalen Parameter durch konkrete Werte ersetzt. Ich zeige dies an der folgenden nützlichen Funktion, die einen
numerischen Ausdruck auf zwei Stellen nach dem Komma rundet. Diese Funktion
ist unentbehrlich bei Ausgaben von Geldbeträgen:

```
function round2(r)
{
  s = "" + Math.round(100*parseFloat(r));
  vk = s.substring(0, s.length - 2);
  if(vk == "") vk = "0";
  if(vk == "-") vk = "-0";
  nk = s.substring(s.length - 2, s.length);
  if(nk == "00") return vk;
  return vk + "," + nk;
}
```

Der formale Parameter *r* steht stellvertretend für beliebige numerische Ausdrücke,
z.B. für 100.014. Dies wird mit 100 multipliziert und gerundet, also ergibt sich 10001.
Die beiden letzten Stellen stehen nach, die anderen vor dem Dezimalpunkt. Die
Trennung erledigt die nützliche Methode *substring()*. Zwischen beide Teile muss der
Dezimalpunkt eingefügt werden. Der errechnete Ausdruck wird über die Anweisung
return Rückgabewert der Funktion.

Ebenso nützlich ist die folgende Funktion, die bei Zahleneingaben mit Komma dieses durch einen Dezimalpunkt ersetzt. Erst danach kann der Ausdruck numerisch
interpretiert werden, da intern JavaScript immer mit Dezimalpunkt arbeitet:

```
function kommaweg(r)
{
  s = "" + r;
  i = s.indexOf(",");
  if(i < 0) return r;
  vk = s.substring(0, i);
  nk = s.substring(i + 1, s.length);
  return vk + "." + nk;
}
```

Der Index, wo das Komma steht, wird gesucht. Kommt kein Komma vor, gibt die Methode *indexOf()* den Wert -1 zurück. Dann wird die Funktion mit Hilfe der Anweisung *return* sofort verlassen. Ansonsten wird die Zeichenkette an der Stelle des Kommas getrennt und dann über den Dezimalpunkt neu verbunden. Im folgenden Programm *kapitel11 / waehrung.htm* werden die beiden Funktionen aufgerufen:

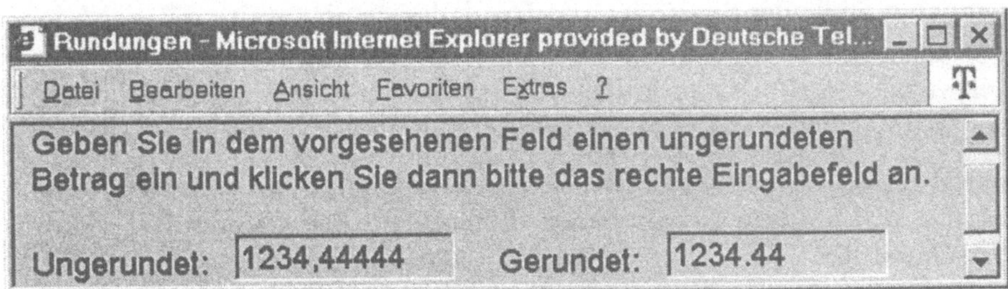

Das Ereignis *onchange* des Textfeldes löst die Funktion *Rechnen()* aus und diese ruft die beiden obigen Funktionen auf:

```
<script language ="JavaScript">
function round2(r)
{
  //Code wie oben
}

function kommaweg(r)
{
// Code wie oben
}

function Rechnen()
{
 .f = document.form1;
  s = kommaweg(f.ungerundet.value);
  r = parseFloat(s);
  f.gerundet.value = round2(r);
}
</script>
```

Wertübergabe von Parametern

Für Anfänger ist es verwirrend, dass in Programmen einerseits gleiche Namen für unterschiedliche Gebilde und andererseits oft unterschiedliche Namen für identische Gebilde verwendet werden. Ganz wichtig ist dabei der Unterschied zwischen einfachen, den sogenannten intrinsischen, Gebilden und den Objekten. In JavaScript sind die logischen Variablen, die Zeichenketten und die Zahlen intrinsisch. Objekte sind dagegen alle mit *new* erzeugten Gebilde und die vordefinierten Objekte wie *document*, *document.form1* oder *document.form1.ergebnis*.

Abhängig davon, ob ein Gebilde einfach oder ein Objekt ist, hat das Gleichheitszeichen unterschiedliche Auswirkung. Bei einfachen Gebilden bedeutet die Zuweisung *a=b*, dass in den beiden unterschiedlichen Speicherbereichen, die den beiden Variablen zugeordnet sind, *vorübergehend* der gleiche Wert steht. Das kann sich aber jederzeit ändern, die spätere Zuweisung *b=4* ist ohne Auswirkung auf *a*.

Bei Objekten hat das Gleichheitszeichen dagegen eine ganz andere Bedeutung. Die oft benutzte Anweisung *f=document.form1* erzeugt keineswegs eine Kopie des Formulars an einer anderen Stelle des Speichers, sondern lediglich eine weitere Bezeichnung für das gleiche Objekt. Man sagt, dass *f* eine **Referenz** auf das Objekt *document.form1* ist. Referenzen verweisen auf das zugehörige Objekt und können es daher verändern, die Ausdrücke *f.tf.value="Neu"* und *document.form1.tf.value="Neu"* bewirken dasselbe.

Der Unterschied zwischen gewöhnlichen Gebilden und Objekten macht sich auch bei der Übergabe an Funktionen bemerkbar. Funktionen übernehmen vom aufrufenden Programmteil die sogenannten aktuellen Parameter und übergeben diese an die formalen Parameter. Ist der aktuelle Parameter ein gewöhnliches Gebilde, wird vom Wert eine Kopie erstellt und dieser Wert an den formalen Parameter übergeben. Die Funktion arbeitet mit diesem Anfangswert weiter, da der formale Parameter aber eine vollständige Kopie an einer anderen Stelle des Speichers ist, kann der Wert des formalen Parameters innerhalb der Funktion geändert werden, aber dies hat keine Rückwirkung auf den aktuellen Parameter, dessen Wert ja in einem anderen Speicherbereich steht. Diese Art der Wertübergabe heißt **Übergabe als Wert** oder **call by value**.

Wird dagegen ein Objekt übergeben, erstellt die Funktion über den formalen Parameter lediglich eine Referenz auf das Objekt. Daher steht der Funktion das Objekt als Ganzes zur Verfügung und deshalb schlägt jede am formalen Parameter vorgenommene Änderung auf den aktuellen Parameter zurück. Diese Art der Wertübergabe heißt **Übergabe als Referenz** oder **call by reference**.

Im folgenden Beispiel hat die Funktion *Change()* drei formale Parameter, und zwar *g*, *tf* und *da*. Die Namen spielen keine Rolle, da diese Parameter nur Stellvertreter für die aktuellen Parameter sind. Die Funktion *BClick()* ruft die Funktion auf und übergibt die aktuellen Parameter *d*, *document.form1.tv* und *ht*. Der erste aktuelle Parameter ist eine gewöhnliche Variable, daher wird eine Kopie des Wertes erstellt und an einer anderen Stelle gespeichert. Auf diesen Speicherbereich greift die Variable *g* zu. Diese Variable wird innerhalb der Funktion verändert, aber dies hat keine Rückwirkung auf den zugehörigen aktuellen Parameter *d*, der vor und nach dem Aufruf der Funktion denselben Wert hat.

Der zweite Parameter *tf* übernimmt als aktuellen Parameter ein eingebautes Objekt, nämlich ein Textfeld. Hiervon wird keine Kopie angelegt, sondern *tf* ist nur eine Referenz auf dieses Textfeld. Die innerhalb der Funktion vorgenommene Änderung an der Eigenschaft *value* zeigt daher nach dem Aufruf der Funktion ihre Wirkung.

Der dritte Parameter *da* übernimmt als aktuellen Parameter eine mit *new* erzeugte Instanz der Klasse *Date*. Auch davon wird keine Kopie angelegt, sondern nur eine

Referenz. Die innerhalb der Funktion vorgenommene Änderung über die Methode *setYear()* bleibt daher nach dem Aufruf der Funktion bestehen.

Datei *kapitel11/parameter.htm*

```
<html><head><title>Wertübergaben</title>
<script language="JavaScript">

function Change(g, tf, da)
{
  g = "Bringt nix";
  tf.value = "Neu";
  da.setYear(2008);
}

function BClick()
{
  d = "gewöhnlicher Wert";
  ht = new Date();
  Change(d, document.form1.tv, ht);
  document.form1.tunv.value = d;
  document.form1.tdat.value = ht.getYear();
}
</script>

<body><form name="form1">
<input type="text" size="20" name="tunv">    
<input type="text" size="10" name="tv">    
<input type="text" size="5" name="tdat">    
<input type="button" value="Action" onclick="BClick();">
</form></body></html>
```

Dies ergibt dann folgendes Bild:

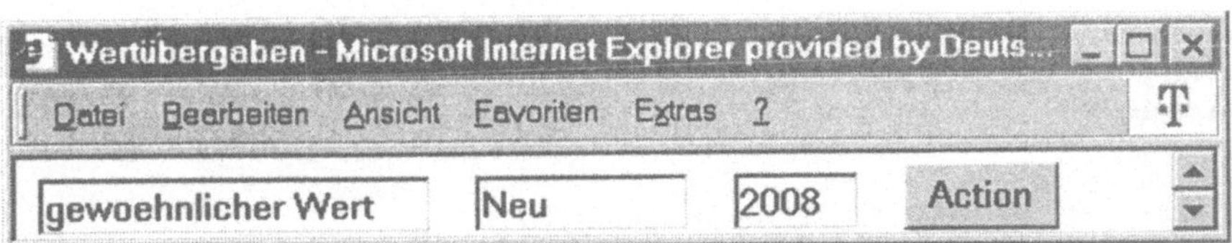

17 und 4

Dies ist ein einfaches Kartenspiel für zwei Spieler. Der menschliche Spieler zieht nacheinander Karten und versucht möglichst nah an 21 Augen zu kommen. Überschreitet er diese Zahl, hat er verloren. Andernfalls versucht der Rechner, die vom Mensch erreichte Augenzahl einzustellen oder zu übertreffen, ohne selbst die magische Zahl 21 zu überschreiten, da er sonst verliert. Der Rechner ist also im Vorteil, da er die Augenzahl des Gegners kennt und bereits bei Gleichstand gewonnen hat. Zur Vereinfachung dürfen beide Spieler nur höchstens vier Karten ziehen; angezeigt werden entweder die Karten des Spielers oder die des Rechners. Die Seite hat deshalb vier Bildfelder, der Spieler erwirbt eine neue Karte durch Anklicken der Rückseite. Drückt er die Schaltfläche *Stop* kommt der Rechner an die Reihe.

In der Abbildung ist zu erkennen, dass der Rechner verloren hat. Sein Gegenspieler hatte 19 Augen erreicht, was den Rechner ins Risiko trieb und er die 21 überzog.

Die Werte der Karten Karo 7 bis Kreuz 10 stimmen mit der Aufschrift überein, die Asse zählen 11, die Buben 2, die Damen 3 und die Könige 4 Augen. Ein gewöhnliches Kartenspiel besteht aus 32 Karten, und zwar Karo 7 bis Karo 10, gefolgt von Karo Bube, Karo Dame, Karo König und Karo As. Dann folgen entsprechend die Farben Herz, Pik und Kreuz.

Der Quellcode

Der Quellcode der Datei *kapitel11/s17und4.htm* besteht aus vielen Funktionen, die ich später nach und nach besprechen werde:

```
<html><head><title>17&4</title>
<script language="JavaScript">
//Globale Variable:
i = 1;
spiel = 0;
comp = 0;
gez = new Array(33); for(j = 0;j < 33;j++) gez[j] = 0;

//Hilfsfunktionen:
function RndInt(a){   return Math.ceil(a*Math.random());}

function Wert(k)
{
  switch(r = k % 8)
  {
    case 0: return 11;break;
    case 1: case 2: case 3: case 4: return r + 6;break;
    default: return r - 3;
  }
}
```

```javascript
function NeueKarte()
{
  do
  {
    k = RndInt(32);
  }while(gez[k] == 1);
  gez[k] = 1;
  document["karte" + i].src="cgifs/card" + k + ".gif";
  i++;
  return Wert(k);
}

//Ereignisbehandlungsfunktionen:
function Ziehen(j)
{
  if(spiel > 19 || i > 4 || i != j) return;
  f = document.form1;
  spiel += NeueKarte();
  f.spieler.value = spiel;
  if(spiel > 21)
  {
    alert("Du hascht verlore!");
    f.Neue.click();
  }
}

function Stop()
{
  if(spiel == 0 || i > 4 ) return;
  if(i == 1)
  {
    for(j=1;j<5;j++) document["karte"+j].src="cgifs/card0.gif";
  }

  f = document.form1;
  comp += NeueKarte();
  f.rechner.value = comp;
  if(comp > 21 || comp < spiel && (comp > 19 || i > 4))
  {
    alert("I hab verlore!");
    i = 5;
  }
  else if(comp >= spiel)
  {
    alert("Du hascht verlore!");
    i = 5;
  }

  setTimeout("Stop();",500);
}

  </script>
<style> body,table{font-family:tahoma;font-size:x-small;
background-color:#cccccc;}
td,input {font-family:tahoma;font-size:x-small;}
```

```
th {font-family:tahoma;font-size:small;color:red;text-align:left;
letter-spacing:2px;text-shadow:10px 10px 2px black;}
</style></head>

<body><form name="form1">
<table border="0" cellpadding="3" cellspacing="0" align="center" >

  <tr><td width="2%" rowspan="5"> </td><th colspan="3">
  17 und 4</th></tr>
  <tr><td colspan="3">
   Decken Sie eine neue Karte auf oder klicken Sie die
   Schaltfl&auml;che Stop.</td></tr>
  <tr>
    <td>Spieler: </td>
    <td><input type="text" size="4" name="spieler"></td>
    <td rowspan="3">
     <a href="JavaScript:Ziehen(1);">
      <img src="cgifs/card0.gif" border="0" name="karte1"></a>
     <a href="JavaScript:Ziehen(2);">
      <img src="cgifs/card0.gif" border="0" name="karte2"></a>
     <a href="JavaScript:Ziehen(3);">
      <img src="cgifs/card0.gif" border="0" name="karte3"></a>
     <a href="JavaScript:Ziehen(4);">
      <img src="cgifs/card0.gif" border="0" name="karte4"></a>
    </td>
  </tr>
  <tr>
    <td>Computer: </td>
    <td><input type="text" size="4" name="rechner"></td>
  </tr>
  <tr>
    <td><input type="reset" value="Neues Spiel" name="Neue"
          onclick="location.reload();"></td>
    <td><input type="button" value="Stop"
          onclick="if (i < 6)i = 1;Stop();"></td>
  </tr>
</table></form></body></html>
```

Die Methode *location.reload()*

Die Seite hat eine Schaltfläche mit der Aufschrift *Stop* und einen Resetbutton mit der
Aufschrift *Neu*. Dieser bereitet ein neues Spiel vor. Resetbuttons versetzen ohne Code alle Steuerelemente eines Formulars in den Anfangszustand, nicht aber die Bildfelder und die globalen Variablen. Das Ereignis *onclick* ruft die Methode *reload()* des
Objekts *location* auf. Diese Methode lädt die Seite neu und stellt damit den Anfangszustand wieder her. Wenn diese Methode wie hier ohne Parameter oder mit dem
Parameter *false* aufgerufen wird, erkundigt sich der Browser beim Server, ob die Seite
seit dem letzten Laden verändert wurde. Ist dies nicht der Fall, wird die Seite vom
Cache des Browsers geladen, sonst vom Server. Hat der Parameter dagegen den Wert
true, wird die Seite in jedem Fall vom Server neu geladen.

Globale Variablen

Bei der Realisierung des Spiels benötige ich zunächst 32 Bilddateien für die Karten und eine weitere Bilddatei für die Rückseite. Diese Dateien benenne ich mit *card0.gif* bis *card32.gif*. Dabei ist *card0.gif* die Rückseite. Die Asse befinden sich in *card8.gif*, *card16.gif*, *card24.gif* und in *card32.gif*. Jeder Karte kann ich also eindeutig eine Nummer k zuordnen, z.B. der Pikdame $k=16+6=22$. Im Spiel darf jede Karte nur einmal vorkommen, ich regle dies über das Array *gez*, das aus 33 Elementen besteht, die von 0 bis 32 indiziert sind. Jedes Element *gez[k]* hat entweder den Wert 0 oder 1, abhängig davon, ob die Karte mit der Nummer k noch verfügbar ist oder schon gezogen. Am Anfang des Spiels sind noch alle Karten frei, daher wird über die Anweisungen

```
gez = new Array(33); for(j = 0;j < 33;j++) gez[j] = 0;
```

das Array zunächst erzeugt und danach werden alle Werte mit dem Wert 0 initialisiert.

Die Variable *gez* wird außerhalb einer Funktion deklariert. Solche Variablen heißen **global**. Globale Variablen sind in jeder Funktion gültig, können also überall gelesen und verändert werden. Ich benötige in diesem langen Programm noch drei weitere globale Variable, zunächst *spiel* und *comp* für die Augenzahlen des Spielers und des Rechners.

Ich habe der Einfachheit wegen nur vier Bildfelder eingerichtet, die ich mit *karte1* bis *karte4* bezeichne. Daher können Rechner wie Spieler nur vier Karten ziehen. Der Wert der globalen Variable i zeigt auf das nächste freie Bildfeld, der Anfangswert muss daher 1 sein.

Lokale Variablen

Die Ausgabe der Karten erfolgt über eine Funktion, die eine zufällige Zahl zwischen 1 und 32 erzeugt:

```
function RndInt(a)
{
    return Math.ceil(a*Math.random());
}
```

Die Funktion *Math.random()* generiert eine Zufallszahl zwischen 0 und 1. Oft werden aber zufällige ganze Zahlen zwischen 1 und einer Obergrenze a benötigt, etwa $a=6$ beim Würfeln oder $a=32$ bei Kartenspielen. Die obige Funktion erfüllt diesen Zweck. Die Zahl $a*Math.random()$ ist über das Intervall zwischen 0 und a gleichverteilt, durch Aufrunden mit *Math.ceil()* ergibt sich eine Gleichverteilung auf den ganzen Zahlen zwischen 1 und a. Die obige Funktion erzeugt über den Aufruf

```
k = RndInt(32);
```

eine zufällige Zahl zwischen 1 und 32.

Die nächste Funktion berechnet den Wert der Karte mit der Nummer *k*. Dabei ist zu beachten, dass die Karten in der Reihenfolge sieben, acht, neun, zehn, Bube, Dame, König und As angeordnet sind, und zwar zunächst alle Karos, dann alle Herz, gefolgt von Pik und Kreuz. Teilt man die Kartennummer *k* durch 8, informiert der Rest *k%8* über die Karte. Die Asse haben 0 als Rest, denn ihre vier Nummern sind 8, 16, 24 und 32. Die Karten sieben, acht, neun und zehn haben 1, 2, 3 und 4 als Rest. Addiert man zum Rest die Zahl 6, ergibt sich gerade der Wert der Karte. Die restlichen Karten sind Bube, Dame und König und haben 5, 6 und 7 als Rest, der zugehörige Kartenwert ergibt sich durch Subtraktion des Rests mit 3.

```
function Wert(k)
{
  switch(r = k % 8)
  {
    case 0: return 11;break;
    case 1: case 2: case 3: case 4: return r + 6;break;
    default: return r - 3;
  }
}
```

Die Variable *r* wurde innerhalb der Funktion *Wert()* deklariert und ist nur hier gültig. Solche Variablen heißen **lokale Variablen**, da sie nur lokal gültig sind, d.h. in einer Funktion. Lokale Variablen entsprechen Schmierpapier für Nebenrechnungen, sind diese abgeschlossen, wird das Papier zerknüllt und in den Papierkorb entsorgt. Genauso verfährt der Rechner. Beim Verlassen einer Funktion werden die Speicherplätze aller lokalen Variablen wieder frei gegeben, wodurch jeder Zugriff scheitert. Beim erneuten Aufruf der Funktion wird vom Rechner wieder Speicher für die lokalen Variablen eingerichtet, aber es besteht kein Zusammenhang zwischen den vorherigen und den neu angelegten Werten.

Da lokale Variablen nur innerhalb ihrer Funktion gültig sind, ist es auch erlaubt und üblich, denselben Bezeichner in mehreren Funktionen zu verwenden. Jede lokale Variable hat aber ihren eigenen Speicherbereich und daher kommen sich die Variablen nicht in die Quere.

Die Hilfsfunktion *NeueKarte()* ist zuständig für das Ziehen und Anzeigen einer neuen Karte. Die Zufallsfunktion *RndInt()* liefert solange einen neuen Index *k*, bis dieser einer noch nicht gezogenen Karte entspricht. Die zugehörige Bilddatei wird in dem nächsten freien Bildfeld angezeigt:

```
document["karte" + i].src="cgifs/card" + k + ".gif";
```

Danach wird der Wert von *i* um 1 erhöht und der Wert der gezogenen Funktion zurückgegeben. Dabei habe ich das Objekt *document* als assoziatives Array behandelt.

Die Funktion *Ziehen(j)*

Die vier Bildfelder habe ich in Anker verpackt, welche über den Pseudo-URL *Java-Script:* die Funktion *Ziehen(j)* ins Spiel bringen. Der Parameter verweist auf das Bildfeld. Ich stelle zunächst mit der Anweisung

```
if(spiel > 19 || i > 4 || i != j) return;
```

sicher, dass nicht gezogen wird, wenn der Spieler bereits mindestens 20 Augen erreicht hat oder kein Bildfeld mehr frei ist oder der Spieler nicht das nächste freie Bildfeld angewählt hat. Sonst wird eine neue Karte gezogen, die Augenzahl erhöht und beim Überschreiten von 21 die Niederlage des Spielers angezeigt.

Wenn der Spieler keine weitere Karte mehr ziehen möchte, drückt er die Schaltfläche *Stop* und löst damit die Funktion *Stop()* aus. Diese hat es in sich, denn sie gehört zur Klasse der rekursiven Funktionen.

Rekursive Funktionen

Rekursive Funktionen rufen sich selbst auf. Die Funktion *Stop()* übernimmt das Ziehen des Rechners. Es müssen deshalb der Reihe nach die vier Bildfelder belegt werden. Es soll der Eindruck erweckt werden, als würde der Rechner nachdenken, daher soll zwischen dem Erscheinen zweier Karten ein kleine Pause von einer halben Sekunde vergehen. Die Zeiteinheit im Betriebssystem ist eine Millisekunde, deshalb entspricht eine halbe Sekunde 500 Millisekunden.

Die JavaScript-Funktion *setTimeout ("Anweisung;",AnzMilliSekunden)* verzögert die Ausführung der Anweisung um die angegebene Anzahl von Millisekunden. In der Funktion *Stop()* lautet der Aufruf

```
setTimeout("Stop();",500);
```

d.h., die Funktion *Stop()* ruft sich alle 500 Millisekunden neu auf. In jedem Aufruf wird eine weitere Karte gezogen und angezeigt, wobei aber bei *i>4* Schluss ist.

Statuszeile

Ein weiteres Beispiel einer rekursiven Funktion ist die Angabe der Zeit in der Statuszeile des Browsers:

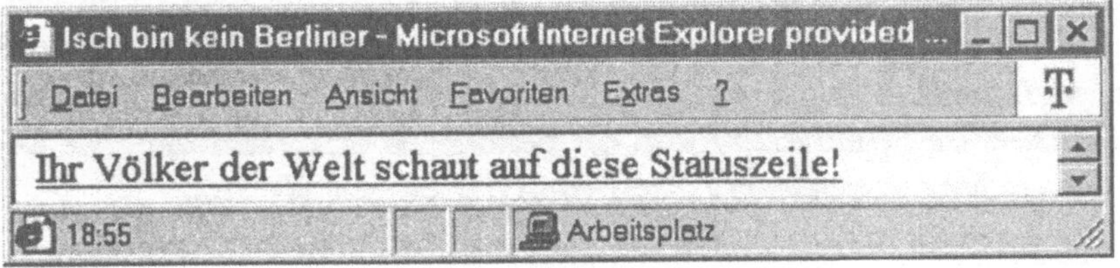

In der **Statuszeile** kann der Programmierer über die Eigenschaften *status* und *default-Status* kleine Nachrichten unterbringen. Der Browser nutzt die Statuszeile zum Anzeigen von Zieladressen, wenn die Maus auf einem Anker liegt, danach erscheint wieder der von *defaultStatus* festgelegte Text. Hier würde die Zeitanzeige vorübergehend durch die Zieladresse des Verweises ersetzt. Man kann aber das Standardverhalten des Browsers abwandeln. Dazu wird der Eigenschaft *status* im Ereignis *onmouseover* ein eigener Text zugewiesen. Dieser erscheint aber nur dann in der Statuszeile, wenn das Ereignis den Wert *true* zurückgibt. Im Ereignis *onmouseout* erhält *status* als Wert den leeren String ' ', damit der angezeigt Text wieder verschwindet.

Die rekursive Funktion heißt *Zeit()* und steht im Header und sorgt für die Zeitanzeige in der Statuszeile. Wenn die Minutenzahl kleiner als 10 ist, muss vor der Zahl noch eine 0 eingefügt werden. Das erledigt der Konditionaloperator. Die Funktion wird wieder aufgerufen, wenn die gerade angebrochene Minute beendet ist, also nach *60-d.getSeconds()* Sekunden.

Datei *kapitel11 / status.htm*:

```
<html><head><title>Isch bin kein Berliner</title>
<script language="JavaScript">
function Zeit()
{
  d = new Date();
  m = d.getMinutes();
  h = d.getHours();
  m = (m < 10) ? "0" + m : m;
  defaultStatus = h + ":" + m;
  setTimeout("Zeit();",(60 - d.getSeconds())*1000);
}

</script></head>

<body onload="Zeit();"><a href="s17und4.htm"
<a href="s17und4.htm"
    onmouseover="status='Zum Zocken';return true;"
    onmouseout= "status='';">
Ihr Völker der Welt, schaut auf diese Statuszeile!
</a></body></html>
```

Cookies

Cookies sind eigentlich Plätzchen. Im World Wide Web bezeichnet man damit kleine Datenhäppchen, die zwischen Server und Client ausgetauscht werden. Cookies wurden erfunden, weil der Austausch zwischen Client und Server ohne Gedächtnis ist. Cookies ermöglichen die Speicherung von oft benötigten Informationen. Sie bestehen aus durch Semikolons getrennten Paaren von Namen und Werten:

```
Cookie1=Wert1;Cookie2=Wert2;Cookie3=Wert3;usw.
```

Wird vom Client eine Seite der Domäne angefordert, wird diese Liste von Paaren zum Server übertragen, sofern die Cookies von einem Server derselben Domäne eingerichtet wurden. Umgekehrt kann aber auch der Server beim Versenden der angeforderten Seite eine Liste von einzurichtenden Cookies mitliefern. Der Browser fragt dann je nach eingestellter Sicherheitsstufe nach, ob er die gewünschten Cookies speichern soll. Eine Webseite darf nur solche Cookies verwenden, die von einer beliebigen Seite ihrer Domäne eingerichtet wurde.

Wie richtige Plätzchen haben auch Cookies eine endlich Lebensdauer. Wird kein Verfallsdatum angegeben, bleibt das Cookie nur solange gültig, wie die Seite geladen ist. Das Datum wird von dem Paar *Cookiename=Cookiewert* durch ein Semikolon getrennt und erfordert das Schlüsselwort *expires*. Die Angabe muss in einem ganz speziellen Format erfolgen:

```
expires=Day3, d-Mon-yy hh:mm:ss GMT
```

Dabei steht *Day3* für die drei Anfangsbuchstaben des Wochentags in englisch, etwa Sun für Sonntag, *d* für die Nummer des Tages innerhalb des Monats, *Mon* für die drei Anfangsbuchstaben des Monats auf englisch, beispielsweise Apr für April und *yy* für die letzten beiden Ziffern des Jahres. Dann folgt die Zeit, wobei Stunden, Minuten und Sekunden durch Doppelpunkte getrennt sind. Den Abschluss bildet GMT, die Abkürzung für Greenwich Mean Time.

Ein Cookie muss aber keineswegs allen Dateien einer Domäne zur Verfügung stehen. Standardmäßig können nur die Dateien zugreifen, die im gleichen oder einem Unterverzeichnis derjenigen Datei stehen, welche das Cookie eingerichtet hat. Möchte man dies ändern, kann der Pfad anders festgelegt werden. Die Trennung zur Datumsangabe übernimmt wieder das fleißige Semikolon, die Pfadangabe erfolgt nach dem Schlüsselwort *path=*.

Größere Domänen wie die Fachhochschule Darmstadt haben Unterdomänen, die alle mit *fh-darmstadt.de* enden. Ein Cookie kann über eine weitere Eigenschaft nur bestimmten Teilen der Domäne zur Verfügung stehen. Das Schlüsselwort lautet hier *domain=*, die Trennung übernimmt das Semikolon.

Weiter besteht die Möglichkeit, Cookies nur über sichere Verbindungen auszutauschen. Das Schlüsselwort dafür ist *secure*.

Ein typisches Cookie einer Seite der Fachhochschule Darmstadt könnte so aussehen:

```
Name=XY;expires=Tue, 1-Apr-03 24:00:00 GMT;path=/;domain=fbmn.fh-darmstadt.de
```

Der Name des Cookies ist *Name*, der Wert *XY*. Dieses Cookie bleibt bis zum 2.4.2003 gültig und steht allen Dateien zur Verfügung, deren URL *fbmn.fh-darmstadt.de* enthält.

Die Eigenschaft *document.cookie*

Diese Eigenschaft hat es in sich, denn sie hat unterschiedliche Werte, abhängig davon, ob sie links oder rechts des Gleichheitszeichens steht. Durch Zuweisung kann wie folgt ein neues Cookie eingerichtet werden:

```
document.cookie= "Name=XY;expires=Tue, 1-Apr-03 24:00:00
GMT;path=/;domain=fbmn.fh-darmstadt.de";
document.cookie= "Vorname=UFO;expires=Wed, 2-Apr-03 24:00:00
GMT;path=/;domain=fh-darmstadt.de";
```

Die Seite hat jetzt zwei Cookies eingerichtet. Das erste steht nur Seiten der Unterdomäne *fbmn.fh-darmstadt.de* zur Verfügung, das zweite allen Seiten der Hauptdomäne *fh-darmstadt.de*. Zum Löschen müssen die gleichen Angaben gemacht werden, aber es muss ein vergangenes Datum gewählt werden. Das erste Cookie wird also wie folgt wieder entfernt:

```
document.cookie= "Name=XY;expires=Mon, 24-Dec-96 24:00:00
GMT;path=/;domain=fbmn.fh-darmstadt.de";
```

Beim Lesen der Eigenschaft *document.cookie* enthält diese die Liste der Paare von Namen und Werten, ohne Angaben über Pfad, Zeit usw.:

```
str = document.cookie;alert(str);
```

Die Ausgabe ist dann *Name=XY;Vorname=UFO*.

JavaScript-Codedateien

Der Programmierer kennt die Namen und die Reihenfolge der Cookies, nicht aber deren Werte. Die folgende Funktion dröselt den Cookiestring in ein Array auf, das alle Werte enthält. Dieses Array wird global definiert, damit es allen Funktionen zur Verfügung steht. Der Code lautet:

Datei *kapitel11/cookie.js*

```
cookies = new Array();
function getCookies()
{
  costr = document.cookie;
  i = costr.indexOf("=");
  k = 0;

  while(i > -1 )
  {
    j = costr.indexOf(";", i);
    if(j < 0) j = costr.length;
    cookies[k] = unescape(costr.substring(i+1, j));
    i = costr.indexOf("=", j);
    k++;
  }
}
```

Diese Funktion ist für alle Seiten nützlich, die Cookies verwenden wollen. Daher habe ich den Code in einer eigenen Datei gespeichert. Diese Datei ist eine reine Textdatei und darf lediglich JavaScript-Code enthalten. Der Server muss die Datei als JavaScript-Codedatei kenntlich machen, d.h., ihr Mime-Typ ist *"text/JavaScript"*. Der Code wird innerhalb einer beliebigen Seite durch die Anweisung

```
<script language="JavaScript" src="pfad/cookie.js></script>
```

eingebunden.

Reine JavaScript-Codedateien sollten Code enthalten, der unabhängig von einer spezifischen Seite ist, aber in vielen Dateien notwendig ist. Dann braucht der Code nur an einer Stelle zu stehen und gewartet zu werden. Das erspart viel Arbeit, denn bei Änderungen oder Erweiterungen muss nur die JavaScript-Codedatei bearbeitet werden, während die Seiten, die auf den Code zugreifen, unverändert bleiben.

Die folgende Seite bindet den obigen Code ein:

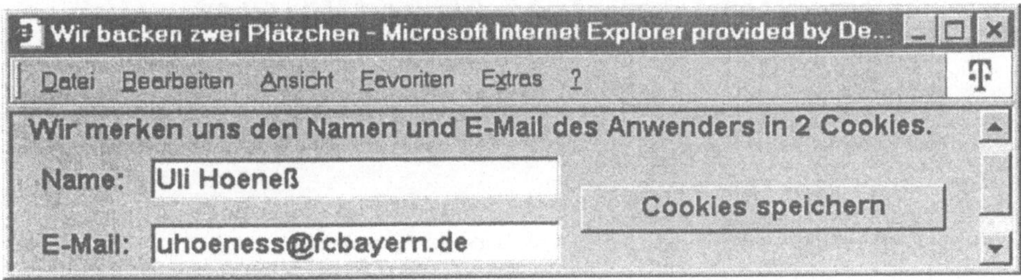

Informationen wie Name und E-Mail eines Kunden können für eine ganze Domäne zentral in einem Cookie gespeichert werden. Beim Anfordern einer Seite der Domäne werden die Angaben an den Server übermittelt und können dort bereits sinnvoll ausgewertet werden. Unsere Seite erfragt die beiden Angaben und zeigt sie beim erneuten Laden gleich an. Der Code der Seite lautet:

Datei *kapitel11/cookie.htm*

```
<html><head><title>Wir backen zwei Plätzchen </title>
<style>body,table,input{font-family:arial;
                        font-size:x-small;}</style>
<script src="cookies.js"></script>
<script language="JavaScript">

function setValues()
{
  f = document.form1;
  f.tName.value = (cookies.length > 0) ? cookies[0] : "";
  f.tEmail.value = (cookies.length > 1) ? cookies[1] : "";
}

function storeCookie()
{
  f = document.form1;
  gueltig=new Date(2002,11,24);
```

```
    exp = ";expires=" + gueltig.toGMTString();
    domain = "";
    path= ";path=/";

    document.cookie ="Name="+escape(f.tName.value)+exp+domain+path;
    document.cookie="Email="+escape(f.tEmail.value)+exp+domain+path;
}

</script>

</head>

<body onload="getCookies();setValues();">
<form name="form1" >
<h4>Cookie-Test</h4>
Wir merken uns den Namen und Email des Anwenders in zwei Cookies.
<table border="0" cellpadding="5" bgcolor="silver">
  <tr>
    <td>Name: </td>
    <td><input type="text" name="tName" size="35"></td>
  </tr>
  <tr>
    <td>EMail: </td>
    <td><input type="text" name="tEmail" size="35"></td>
  </tr>
  <tr>
    <td colspan="2" align="center">
     <input type="button" value="Als Cookie speichern"
       onclick="storeCookie();">
    </td>
  </tr>
</table></form></body></html>
```

Das Ereignis *onload* ruft die Funktion *getCookies()* auf. Diese sorgt dafür, dass im Vektor *cookies* die Werte der Cookies stehen. Die Funktion *setValues()* zeigt diese Werte in den beiden Textfeldern.

Die Funktion *storeCookie()* erzeugt die beiden Cookies. Zunächst wird das Enddatum als Date-Objekt erzeugt. Cookies speichern das Datum im universellen Format der Greenwich Mean Time. Die Methode *toGMTString()* der Stringklasse nimmt diese Umwandlung vor. Dann werden die anderen Bausteine eines Cookies erstellt und als Ganzes der Eigenschaft *document.cookie* zugewiesen.

Behandeln Sie bitte *document.cookie* nie wie einen gewöhnlichen String. Jede Wertzuweisung erzeugt einen neuen Cookie, ohne die alten zu löschen. Die Löschung eines Cookies geschieht wie oben beschrieben durch Zuweisung eines abgelaufenen Namens.

Die Funktionen *escape()* und *unescape()*

Die Werte von Cookies werden über das Netz übertragen. Manche Zeichen wie das Leerzeichen, das Fragezeichen oder das Komma und das Semikolon haben dabei eine besondere Bedeutung und können deshalb nicht direkt übertragen werden. Die Funktion *escape(string)* wandelt solche Zeichen innerhalb der Zeichenkette *string* in übertragbare um. Die dazu passende Funktion *unescape(string)* macht die Kodierung wieder rückgängig. Beim Setzen eines Cookies werden somit die Werte mit *escape()* kodiert und beim Lesen mit *unescape()* wieder dekodiert.

Aufgaben

Aufgabe 1. Schreiben Sie eine Funktion *AnzVokale(s)*, die in der Zeichenkette *s* die Anzahl der Vokale zählt. Schreiben Sie eine kleine Testseite dazu.

Aufgabe 2. Schreiben Sie eine rekursive Funktion *Fak(n)*, die die Fakultät einer Zahl berechnet. Schreiben Sie eine kleine Testseite dazu.

Aufgabe 3. Schreiben Sie eine rekursive Funktion *Quersumme(n)*, die die Quersumme einer Zahl berechnet. Schreiben Sie eine kleine Testseite dazu.

Aufgabe 4. Schreiben Sie eine Seite, welche die Zeit digital anzeigt. Verwenden Sie dazu Bilddateien für die Ziffern, die entsprechend der Zeit ausgetauscht werden.

Aufgabe 5. Erweitern Sie das Spielprogramm so, dass immer der Sieger des vorangegangenen Spiels mit dem Ziehen beginnt. Ist dies der Rechner, sieht der menschliche Gegenspieler nur die verdeckten Karten und muss dann nachziehen.

Aufgabe 6. Schreiben Sie eine Funktion *getValue(cookiename)*, die den Wert des Cookies mit dem Namen *cookiename* liefert. Diese Funktion soll in einer reinen Java-Script-Codedatei ausgelagert werden, die von einer Testdatei eingebunden wird.

Ausgewählte Lösungen

Kapitel 3

Aufgabe 1:

```html
<html><head><title>Aufgabe 3-1</title></head>
<body bgcolor="#666666">
<table cellpadding="4" cellspacing="0" border="1" bgcolor="white">
  <tr>
    <td>&#128;</td> <td>&#129;</td> <td>&#130;</td>
      <td>&#131;</td> <td>&#132;</td>
  </tr><tr>
    td>&#133;</td> <td>&#134;</td> <td>&#135;</td>
      <td>&#136;</td> <td>&#137;</td>
  </tr><tr>
    <td>&#138;</td> <td>&#139;</td> <td>&#140;</td>
      <td>&#141;</td> <td>&#142;</td>
  </tr>
</table></body></html>
```

Aufgabe 3:

```html
<html><head><title>Zieht die Lederhosen der Bayern an!</title>
<style type="text/css">
  <!--
  td,caption {font-family: Arial;font-size: 10pt;}
  th {font-family: Arial;font-size: 10pt;}
  -->
</style>

</head>

<body bgcolor="#000000">

<table cellpadding="6" cellspacing="5" border="6" align="center"
    frame="hsides" rules="groups" width="80%" height="80" bgco-
lor="#cccccc">

 <thead>
 <tr>
    <th align="right">Platz</th>
    <th align="left">Verein</th>
    <th>Punkte</th>
 </tr>
 </thead>
 <tbody>
  <tr>
    <td align="right">1.</td>
    <td  bgcolor="black">
      <font color="#cccccc">Borussia Dortmund</font></td>
    <td align="center">69</td>
```

```
</tr>
<tr>
  <td align="right">2.</td>
  <td>Bayer Leverkusen</td>
  <td align="center">67</td>
</tr>
</tbody>
<tfoot align="center">
<tr>
  <td colspan="3">Letzte Tabelle der Bundesliga 2002</td>
</tr>
</tfoot>
</table></body></html>
```

Kapitel 4

Aufgabe 1:

```
<html>
<head><title>Listen, Tabellen und Formatvorlagen</title>
<style type="text/css">
<!--
  td,body {font-family: Arial;font-size: 10pt;color:#000000}
  th {font-family: tahoma;font-size: 10pt;color:#000000}
  a:link, a:visited {font-size: 14pt;color:black;
                        text-decoration:none;}
  a:active, a:hover {font-size: 14pt;color:white;
                        text-decoration:underline;}
  caption {font-family: Arial;font-size: 14pt;color:#ffffff}
  -->
</style>

</head>

<body bgcolor="#999999">
<table cellpadding="6" cellspacing="7" border="10" align="center">
  <caption align="bottom">Tabelle mit Listen und Kühen</caption>
  <tr valign="top">
    <td rowspan="3" bgcolor="#666666">
        <font color="white" size="-3">ro<font></td>
    <th>Ungeordnet</th>
    <th colspan="2">Geordnet</th>
    <td rowspan="3" bgcolor="#666666"  valign="bottom">
     <font color="white" size="-3">lu</font></td>
  </tr>
  <tr>
    <th>Kugeln</th>
    <th>Buchstaben</th>
    <th>Gemischt</th>
  </tr>
  <tr>
    <td>
        <ul>
          <li><a href="http://www.spiegel.de">Zum Spiegel</a></li>
```

```
        <li><a href="http://www.stern.de">Zum Stern</a></li>
      </ul>
    </td>
    <td>
       <ol type="i">
         <li>Erster</li>
         <li>Zweiter</li>
       </ol>
    </td>
    <td>
      <ol type="I" start="2">
         <li>Zweiter</li>
         <li value="4" type="A">Vierter</li>
      </ol>
    </td>
  </tr>
  <tr align="center">
   <td colspan="5"><img src="images/3_cows_horz.gif">
   </td>
  </tr>
</table></body></html>
```

Kapitel 5

Aufgabe 1:

```
<html><head><title>Umrechnung in Euro</title>
<style>body,table,input{font-family:arial;
                        font-size:9 pt;}</style>

<script language="JavaScript">

function Rechnen()
{
  f = document.form1;
  f.euro.value = parseFloat(f.dm.value)*1.95583;
}

</script>
</head>

<body>
<form name="form1" ><center>
Bitte geben Sie den Betrag in DM ein:<p>
<table border="0" cellpadding="5" bgcolor="silver">
  <tr>
    <td>DM: </td>
    <td><input type="text" name="dm" size="15"></td>
  </tr>
  <tr>
    <td>EURO: </td>
    <td><input type="text" name="euro" size="15"></td>
  </tr>
  <tr>
```

```
    <td colspan="2" align="center">
     <input type="button" value="Umrechnen"
       onclick="Rechnen();">
    </td>
  </tr>
</table></center></form></body></html>
```

Aufgabe 2:

```
<html><head><title>Kapitel 5 Aufgabe 2</title></head>
<-- Dank an Olga Daniel -->
<body><form name="form1">
<table border="0"  cellspacing="0" cellpadding="4">
<tr>
 <th colspan="3">
  <input type="text" name="Name"></th>
</tr><tr>
 <td>
   <a href="" onmouseover="document.form1.Name.value='Paris';"
        onmouseout="document.form1.Name.value='';">
   <img align="center"  src="paris.gif" alt="Eifelturm"
      border="3" width="200" height="250"></a>
 </td>

  <td>
   <a href="" onmouseover="document.form1.Name.value='Rom';"
        onmouseout="document.form1.Name.value='';">
   <img align="center"  src="rom.gif" alt="Petersdom"
      border="3" width="200" height="250"></a>
 </td>

 <td>
   <a href="" onmouseover="document.form1.Name.value='London';"
        onmouseout="document.form1.Name.value='';">
   <img align="center"  src="bigben.gif" alt="Big Ben"
      border="3" width="200" height="250"></a>
 </td>
</tr></table></form></body></html>
```

Bemerkung: Das sonderbare *href=""* ist beim Browser von Netscape notwendig, da dieser ohne das Attribut *href* einen Anker nicht wahr nimmt!

Kapitel 6

Aufgabe 2:

```
function reise()
{
   f = document.form1;
   p = 0;
   anz = 0;

   if(f.paris.checked)
   {
```

```javascript
    p += parseFloat(f.paris.value);
    anz += 1;
  }

  if(f.rom.checked)
  {
    p += parseFloat(f.rom.value);
    anz += 1;
  }

  if(f.london.checked)
  {
    p += parseFloat(f.london.value);
    anz += 1;
  }

  if (anz == 2) p *= 0.9;
  else if (anz == 3) p *= 0.8;

  f.preis.value = p;
}
```

Aufgabe 3:

```html
<html><head><title> Anordnung von drei Zahlen</title>
<style>body,table,input{font-family:arial;
                        font-size:9 pt;}</style>

<script language="JavaScript">

function Rechnen()
{
  f = document.form1;
  a1 = m1 = parseFloat(f.a1.value);
  a2 = m2 = parseFloat(f.a2.value);
  a3 = m3 = parseFloat(f.a3.value);
  if(a1 > a2)
  {
    m1 = a2;
    m2 = a1;
  }

  if(m2 > a3)
  {
    m3 = m2;
    if(m1 > a3)
    {
      m2 = m1;
      m1 = a3;
    }
    else m2 = a3;
  }
  f.a4.value = m1 + ", " + m2 + ", " +  m3;
}
```

```
</script></head>

<body><form name="form1" >
Bitte geben Sie die drei Zahlen ein:<p>
<table border="0" cellpadding="5" bgcolor="silver">
  <tr>
    <td>1. : <input type="text" name="a1" size="10"></td>
    <td>2. : <input type="text" name="a2" size="10"></td>
    <td>3. : <input type="text" name="a3" size="10"></td>
  </tr>
    <td colspan="3"><input type="button" value="Ordnen"
       onclick="Rechnen();">    
    Geordnet: <input type="text" name="a4" size="40"></td></tr>
</table></form></body></html>
```

Kapitel 7

Aufgabe 1:

```
if(jahr % 400 == 0 || jahr % 4 == 0 && jahr % 100 != 0)
      f.schaltjahr.checked = true;
```

Aufgabe 2:

```
function Rechnen()
{
  f = document.form1;
  p = 0;
  i = 0;
  if(f.elfriede.checked)
  {
    p = p + parseFloat(f.elfriede.value);
    i++;
  }
  if(f.berta.checked)
  {
    p = p + parseFloat(f.berta.value);
    i++;
  }
  if(f.susi.checked)
  {
    p = p + parseFloat(f.susi.value);
    i++;
  }
  if (i == 2) p = 0.9*p;
  if (i == 3) p = 0.8*p;
  f.preis.value = p;
}
```

Aufgabe 3:

```
<html><head><title>Jahreszeiten</title>
<style>input,td {font-family: tahoma; font-size: 10pt}</style>
<script language="JavaScript">
```

```
function Rechnen()
{
  f = document.form1;
  mon = parseInt(f.monat.value);
  j = parseInt(f.jahr.value);
  if(j % 400 == 0 || j % 4 == 0 && j % 100 != 0) anzfeb = 29;
  else anzfeb = 28;

  if (mon == 4 || mon == 6 || mon == 9 || mon == 11)  f.anz.value
= "30";
  else if (mon == 2)  f.anz.value = anzfeb;
  else f.anz.value = "31";
}
</script>

</head>
<body bgcolor="silver"><form name="form1">
<table border="0" cellpadding="5" cellspacing="0" align="center">
<tr><td>
  Monat: <input type="text" value="1" name="monat"
        size="2"  onchange = "Rechnen();">   
  Jahr: <input type="text" value="2003" name="jahr"
        size="4"  onchange = "Rechnen();">   
  Anzahl der Tage: <input type="text" value="31"
        name="anz" size="2">   
  <input type="button" value="Ausrechnen" onclick="Rechnen();">
 </td></tr></table></form></body></html>
```

Aufgabe 4:

```
<html><head><title>Pfennigfuchser</title>
<style>th,td,input,textarea {font-size:9pt;font-family:arial;}
th {font-size:12pt;text-align:left;}
</style>
<script language="JavaScript">

function Rechnen()
{
  f = document.form1;
  a = f.input.value;
// Ersetze Komma durch Dezimalpunkt, falls noetig
  i = a.indexOf(",");
  if(i >= 0) a = a.substring(0, i) + "." +
        a.substring(i+1,a.length);
  pfennige = Math.round(parseFloat(a)*100);

  anz500 = Math.floor(pfennige/500);
  pfennige = pfennige%500;
  anz200 = Math.floor(pfennige/200);
  pfennige = pfennige%200;
  anz100 = Math.floor(pfennige/100);
  pfennige = pfennige%100;
  anz50 = Math.floor(pfennige/50);
  pfennige = pfennige%50;
  anz10 = Math.floor(pfennige/10);
```

```
  pfennige = pfennige%10;
  anz5 = Math.floor(pfennige/5);
  pfennige = pfennige%5;
  anz2 = Math.floor(pfennige/2);
  anz1 = pfennige%2;

  ausgabetext = "5-Markstücke: \t" +anz500 + "\r\n";
  ausgabetext += "2-Markstücke: \t" +anz200 + "\r\n";
  ausgabetext += "Markstücke: \t" +anz100 + "\r\n";
  ausgabetext += "50-Pfennigstücke: \t" +anz50 + "\r\n";
  ausgabetext += "10-Pfennigstücke: \t" +anz10 + "\r\n";
  ausgabetext += "5-Pfennigstücke: \t" +anz5 + "\r\n";
  ausgabetext += "2-Pfennigstücke: \t" +anz2 + "\r\n";
  ausgabetext += "Pfennigstücke: \t" +anz1;

  f.output.value=ausgabetext;
}
</script>
</head>

<body><form name="form1"><table border="0"  cellpadding="4" cell-
spacing="0">
 <tr><th colspan="2">Umrechnung eines Betrages in
M&uuml;nzen</th></tr>
    </tr><tr>
    <td>Ein DM-Betrag wird in M&uuml;nzen ausgegeben.</td>
    <td rowspan="3">
      <textarea name="output" rows="8" cols="30"></textarea></td>
    </tr><tr>
    <td>Eingabe:  
        <input type="text" name="input" size="12"
          onChange="Rechnen();">
    </tr><tr>
      </td><td><input type="button" name="button"
                value="Berechnen"
        onClick="Rechnen();">
      </td>
    </tr>
  </table>
</form></body></html>
```

Kapitel 8

Aufgabe 1 und 2:

```
<html><head><title>Jahreszeiten</title>
<style>input,td {font-family: tahoma; font-size: 10pt}</style>
<script language="JavaScript">
function Rechnen()
{
  f = document.form1;
  tag = parseInt(f.tag.value);
  mon = parseInt(f.monat.value);
  if(mon < 1 || mon >12)
```

```
        {
          alert("Unsinniger Monat!");
          return;
        }
        j = parseInt(f.jahr.value);
        if(j % 400 == 0 || j % 4 == 0 && j % 100 != 0) zu = 1;
        else zu = 0;

        drichtig = true;
        switch (mon)
        {
          case 4: case 6: case 9: case 11:
             if(tag > 30 || tag < 1) drichtig = false;
             break;
          case 2:
             if(tag > 28 + zu || tag < 1) drichtig = false;
             break;
          default:
             if(tag > 31 || tag < 1) drichtig = false;
        }

        if(!drichtig)
        {
          alert("Unsinniger Tag!");
          return;
        }

        switch (mon)
        {
          case 1:  anz = tag;break;
          case 2:  anz = 31 + tag;          break;
          case 3:  anz = 59  + tag + zu; break;
          case 4:  anz = 90  + tag + zu; break;
          case 5:  anz = 120  + tag + zu;break;
          case 6:  anz = 151  + tag + zu;break;
          case 7:  anz = 181  + tag + zu;break;
          case 8:  anz = 212  + tag + zu;break;
          case 9:  anz = 243  + tag + zu;break;
          case 10: anz = 273  + tag + zu;break;
          case 11: anz = 304  + tag + zu;break;
          case 12: anz = 334  + tag + zu;break;
        }
        f.anz.value = anz;
}
</script>

</head>
<body bgcolor="silver"><form name="form1">
<table border="0" cellpadding="5" cellspacing="0" align="center">
<tr><td>
  Tag: <input type="text" value="1" name="tag"
       size="2"   onchange = "Rechnen();">   
  Monat: <input type="text" value="1" name="monat"
       size="2"   onchange = "Rechnen();">   
  Jahr: <input type="text" value="2003" name="jahr"
```

```
          size="4"  onchange = "Rechnen();">   
  Tagesnummer: <input type="text" value="31"
          name="anz" size="2">   
  <input type="button" value="Rechnen" onclick="Rechnen();">
 </td></tr></table></form></body></html>
```

Aufgabe 3:

```javascript
function Rechnen()
{
  f = document.form1;
  n = parseInt(f.anzahl.value)

  anf = 16;
  for(i = 1,st = ""; i < n + 1;i++)
  {
     for(j = 1;j < anf;j++) st += " ";
     for(j = 1;j < 2*i;j++) st += "*";
     st += "\r\n";//Neue Zeile
     anf--;
  }
  f.ergebnis.value = st;
}
```

Kapitel 9

Aufgabe 3:

```html
<html><head>
<script src="waehrung.js"></script>
<script language = "JavaScript">

function zM()
{
   var f = document.form1;
   var miete = parseFloat(kommaweg(f.groesse.value));
   for(i = 0;i < f.bk.length; i++){if(f.bk[i].checked)
      miete *= parseFloat(f.bk[i].value);}
   var abschlaege = 0;
   if (f.einzeloefen.checked) abschlaege += -5;
   if (f.wintergarten.checked) abschlaege += 8;
   if (f.ohnewasser.checked) abschlaege += -31;
   if (f.etagentoilette.checked) abschlaege += -15;
   if (f.galerie.checked) abschlaege += 8;
   f.Ergebnis.value = round2(miete*(1+abschlaege/100))+" Taler";
}

</script>
</head><body>
<form name="form1">
<table cellpadding="4">
<tr><td><b>Groesse in Quadratmeter</b><br>
<input type="text" name="groesse" cols="35"
      value="" OnChange="zM();">
```

```
<br><br>
<B>Baujahrklasse: </B><br>
<input type="radio" name="bk"  value="10"
    onClick="zM();" checked>bis 1899<br>
<input type="radio" name="bk"  value="12"
     onClick="zM();">1900-1949<br>
<input type="radio" name="bk"  value="14"
      onClick="zM();">seit 1950<br>
<br></td><td>
<B>Eigenschaften: </B><br>
<input type="checkbox" name="einzeloefen"       onClick="zM();"><I>
Einzeloefen</I><br>
<input type="checkbox" name="wintergarten"     onClick="zM();"><I>
Wintergarten</I><br>
<input type="checkbox" name="ohnewasser"       onClick="zM();"><I>
ohne Wasser</I><br>
<input type="checkbox" name="etagentoilette"  onClick="zM();"><I>
Etagentoilette</I><br>
<input type="checkbox" name="galerie"          onClick="zM();"><I>
Galerie- oder Maisonettewohnung</I><br>
<br></td></tr>
<tr><td colspan=2 align=center>
<input type="button" value="Miete berechnen" onClick="zM();">
  <input type="reset" value="Löschen">
  <b>Ergebnis:</b>
<input type="text" name="Ergebnis" width="35" value="">
</td></tr>
</table></form></body></html>
```

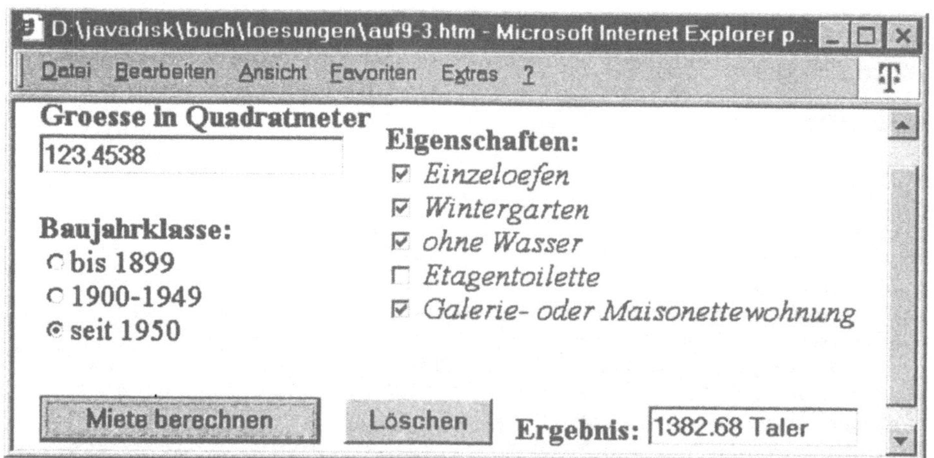

Aufgabe 4: siehe Aufgabe 4 aus Kapitel 10.

Kapitel 10

Aufgabe 1:

Indexdatei *loesungen/auf10-1.htm*:

```html
<html><head><title>Zwei Rahmen</title></head>

   <frameset frameborder = "1" framespacing="1"  border="1"
rows="20%,*">
     <frame src="auf10-1oben.htm" name="obenR"  marginwidth="20"
marginheight="10" scrolling = "no">
     <frame src="auf10-1unten.htm"  name="untenR" marginwidth="20"
marginheight="10">
   </frameset>

   <noframes>
     <body bgcolor="red" >Keine Frames, eh!?</body>
   </noframes>
</html>
```

Datei des oberen Rahmens *loesungen/auf10-1oben.htm*:

```html
<head>
<script language="javascript">
text = new Array(4);
text[0] = "Sie sind zu mager";
text[1] = "Idealgewicht";
text[2] = "Etwas abnehmen!";
text[3] = "Sie sind kein Reh!";
function Zeigen()
{
   untendoc = parent.untenR.document;
   of = parent.obenR.document.form1;
   bmi = eval(of.gw.value/(of.gr.value*of.gr.value))
   if(bmi < 17) i = 0;
   else if(bmi >= 17 && bmi < 25) i = 1;
   else if(bmi >= 25 && bmi < 37) i = 2;
   else i = 3;

   untendoc.clear();
   untendoc.open();
   str = '<head><body>';
   str += '<font  face="Tahoma">';
   str += 'Ihr BMI ist ' + bmi + '<br>';
   str += text[i] + '</head></body>';
   untendoc.write(str);
   untendoc.close();
}
</script>
</head><body bgcolor="#ffffff"><form name = "form1">
  Gewicht in kg: <input type="text" name="gw" si-
ze="4">  
  Gr&ouml;&szlig;e in m: <input type="text" name="gr" si-
ze="4">  
  <input type="button" value="Ausgabe" OnClick = "Zeigen();">
</form>
</body>
</html>
```

Aufgabe 3:

```
<html><head><title>Öffnen von neuen Fenstern</title>

<script language="javascript">

function makehtml(i)
{
  html = '<html><head><title>Das ' + i + '-te Fens-
ter</title></head>';
  html += '<body><form>Dr&uuml;cken Sie bitte den  Button';
  html += ' zum Schlie&szlig;en der Seite. ';
  html += '<input type="button" value="Schlie&szlig;en"';
  html += 'onclick="self.close();">';
  html += '</form></body></html>';
  return html;
}

var newwin;
i = 1;
function Open()
{
  na = "nav" + i;
  newwin =
      open("",na,"scrollbars,width=460,height=120,resizable=yes");
  newwin.document.open();
  newwin.document.write(makehtml(i));
  newwin.document.close();
  i++;
}

</script>
</head>
<body>
<form>
Dr&uuml;cken Sie bitte den folgenden Button zum &Ouml;ffnen eines
neuen
Fensters. <input type="button" value="&Ouml;ffnen" onc-
lick="Open();">

</form></body></html>
```

Aufgabe 4:

Erläuterungen: Zunächst wird links der Fahrschein gewählt, der Preis erscheint im Textfeld rechts. Darunter sind vier Bilder für die Münzen, durch Anklicken wird ein Münzeinwurf simuliert, der eingeworfene Betrag wird entsprechend erhöht. Ist genug Geld eingeworfen, wird ein neues Fenster geöffnet, wo der gewählte Fahrschein erscheint.

Die Funktion *berechne()* errechnet den Fahrpreis, die Funktion *inc(z)* erhöht den eingeworfenen Geldbetrag um den Wert *z*. Diese Funktion ist mit den Münzbildern über den Pseudo-URL *javascript:* verknüpft. Sobald genug Geld eingeworfen wurde, erscheint die Fahrkarte in einem neuen Fenster. Die Erzeugung des neuen Fensters erfolgt in der Funktion *fdruck()*. Diese Funktion wurde weitgehend von Herrn Alex Diegelmann erstellt. Die Funktion *fclose()* schließt das Fenster wieder. Diese Funktion wird aufgerufen, wenn im Hauptfenster ein neues Dokument erscheint. Die Oberfläche wurde von Herrn Dirk Breitenbach erstellt.

In der JavaScript-Codedatei *waehrung.js* sind die beiden Funktionen *round2()* und *kommaweg()* enthalten. Der Code befindet sich in Kapitel 11.

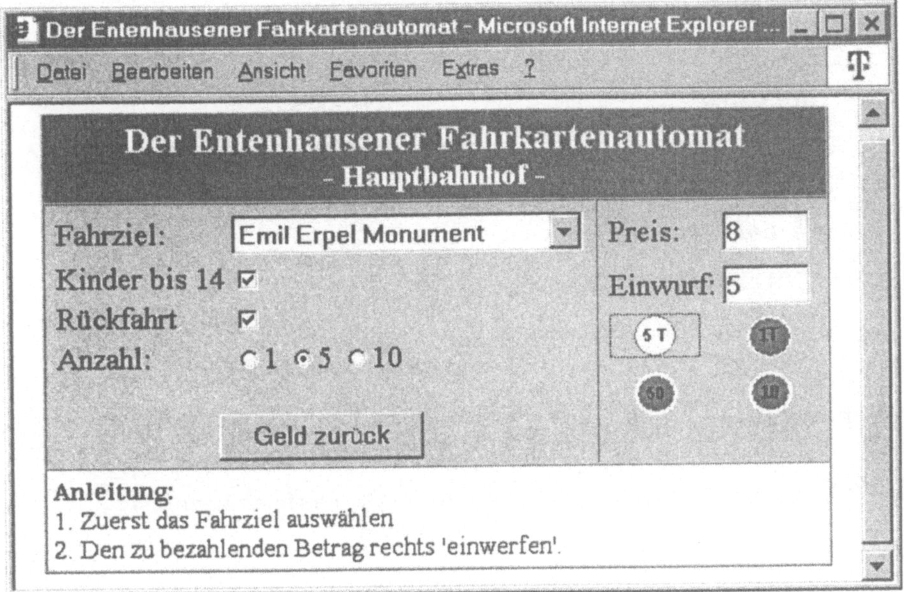

Der Quellcode lautet:

```html
<html><head><title>Der Entenhausener Fahrkartenautomat</title>
<script src="waehrung.js"></script>
<script language="JavaScript">
function berechne()
{
    f = document.form1;
    e = r = a = 1;
    ziel = f.ziel.selectedIndex;
    km = parseInt(f.ziel.options[ziel].value);//36
    if (f.kind.checked) e = 0.5;
    if (f.rueckfahrt.checked) r = 2;
    if (f.anzahl[1].checked) a = 4;
    if (f.anzahl[2].checked) a = 7;

    f.rechnung.value = round2(0.2*km*e*r*a);
}

var k = null;
function kclose()
{
    if(k == null) return;
    if (!k.closed) k.close();
```

```javascript
}

function inc(z)
{
  f = document.form1;
  f.coinsumme.value=
         round2(parseFloat(kommaweg(f.coinsumme.value)) + z);
  if (parseFloat(kommaweg(f.rechnung.value)) <=
                    parseFloat(kommaweg(f.coinsumme.value)))
        fdruck();
}


function fdruck()
{
  kclose();
  f = document.form1;
  ziel = f.ziel.selectedIndex;

  if (f.anzahl[0].checked)
  {
    anz = 1;
    k=open("","karte","width=210,height=221,resizable=no");
  }
  else if (f.anzahl[1].checked)
  {
    anz = 5;
    k=open("","karte","width=210,height=340,resizable=no");
  }
  else if (f.anzahl[2].checked)
  {
    anz = 10;
    k=open("","karte","width=210,height=475,resizable=no");
  }
  k.focus();
  kard=k.document;
  kard.open();
  kard.writeln ("<html><head>");
  kard.writeln ("<title>Kartendrucker</title>");
  kard.writeln ("<meta name=\"author\"
                    value=\"Alex Diegelmann\">");
  kard.writeln ("</head><body>");
  kard.writeln("<img src=\"bilder/header.gif\">");
  kard.writeln("<img src=\"bilder/fahrkarte.gif\">");

  if(f.rueckfahrt.checked)
  {
      kard.writeln("<img src=\"bilder/rueckfahrt.gif\">");
  }
  //kard.writeln("<img src=\"bilder/leer.gif\">");
  kard.writeln("<img src=\"bilder/fahrziel.gif\">");
  if(ziel==0)
    kard.writeln("<img src=\"bilder/eem.gif\">");
  else if (ziel==1)
    kard.writeln("<img src=\"bilder/mdlt.gif\">");
```

```
    else
      kard.writeln("<img src=\"bilder/ggg.gif\">");
  // kard.writeln("<img src=\"bilder/leer.gif\">");
    if(f.kind.checked)
      kard.writeln("<img src=\"bilder/kind.gif\">");
    for(i = 0; i < anz;i++)
        kard.writeln("<img src=\"bilder/wertstreifen.gif\">");
    kard.writeln ("</body></html>");
    kard.close();
    f.reset();
}
</script>
</head><body onunload="kclose();"><form name="form1"><center>
<table border="1" cellpadding="4" cellspacing="0">
<tr align="top" bgcolor="#666666">
<td colspan="2">
<center><b><font color="#ffffff">
  <big>Der Entenhausener Fahrkartenautomat</big>
<br>- Hauptbahnhof -</font></b></center>
</td>
</tr><tr bgcolor="#cccccc" valign=top>
<td>

<!-- Zwischentabelle für Formatierungszwecke-->
<table border="0">
<tr>
 <td>Fahrziel:</td>
 <td>
  <select name="ziel" size="1" onChange="berechne()">
    <option value="10">Emil Erpel Monument</option>
    <option value="12">Museum des ersten Talers</option>
    <option value="6">Gundel Gaukeley Gasse</option>
  </select>
 </td>
</tr><tr>
 <td>Kinder bis 14</td>
 <td><input type="checkbox" name="kind" onclick="berechne()"></td>
</tr><tr>
 <td>R&uuml;ckfahrt</td>
 <td><input type="checkbox" name="rueckfahrt"
      onclick="berechne()"></td>
</tr><tr>
 <td>Anzahl:</td>
 <td><input type="radio" name="anzahl" value="1"
      checked onclick="berechne()">1
      <input type="radio" name="anzahl" value="5"
       onclick="berechne()">5
      <input type="radio" name="anzahl" value="10"
       onclick="berechne()">10
 </td>
</tr>
</table>
<!-- Weiterführung 1. Tabelle -->
<br><center><input type=reset value="Geld zurück"></center>
</td><td>
```

```
<!-- und nochmal eine Hilfstabelle zur Formatierung -->
<table border="0">
 <tr><td>Preis:</td>
   <td><input type="text" name="rechnung" value="2" size="5"></td>
 </tr><tr>
 <tr><td>Einwurf:</td>
   <td><input type="text" name="coinsumme" Value="0" si-
ze="5"></td>
 </tr><tr valign="top">
  <td><a href="javascript:inc(5);"
       onmouseover="t5.src='bilder/5_taler_a.gif';"
       onmouseout="t5.src='bilder/5_taler.gif';">
      <img src="bilder/5_taler.gif" name="t5" border="0"></a>
   </td><td><a href="javascript:inc(1);"
       onmouseover="t1.src='bilder/1_taler_a.gif';"
       onmouseout="t1.src='bilder/1_taler.gif';">
      <img src="bilder/1_taler.gif" name="t1"
          border="0"></a></td>
 </tr><tr valign="top">
  <td><a href="javascript:inc(0.50);"
       onmouseover="k50.src='bilder/50_kreuzer_a.gif';"
       onmouseout="k50.src='bilder/50_kreuzer.gif';">
      <img src="bilder/50_kreuzer.gif" name="k50" border="0"></a>
   </td><td><a href="javascript:inc(0.10);"
       onmouseover="k10.src='bilder/10_kreuzer_a.gif';"
       onmouseout="k10.src='bilder/10_kreuzer.gif';">
      <img src="bilder/10_kreuzer.gif" name="k10"
          border="0"></a></td>
 </tr>
</table>

<!-- weiter gehts mit der eigentlichen Tabelle -->
</td>
</tr><tr>
<td colspan=2>
  <font size="-1"><b>Anleitung:</b><br>
  1. Zuerst das Fahrziel auswählen<br>
  2. Den zu bezahlenden Betrag rechts 'einwerfen'.
</font></td></tr>
</table></center></form></body></html>
```

Kapitel 11

Aufgabe 1:

```
<html><head><title>Vokale</title>
<style>input,td {font-family: tahoma; font-size: 10pt}</style>
<script language="JavaScript">
function zaehlen(wort)
{
  j = 0;
  for(i = 0;i < wort.length;i++)
    if(wort.charAt(i) == "a" || wort.charAt(i) == "A" ||
```

```
               wort.charAt(i) == "e" || wort.charAt(i) == "E" ||
               wort.charAt(i) == "i" || wort.charAt(i) == "I" ||
               wort.charAt(i) == "o" || wort.charAt(i) == "O" ||
               wort.charAt(i) == "u" || wort.charAt(i) == "U"    ) j++;
  return j;
}
function Rechnen()
{
  document.form1.anz.value = zaehlen(document.form1.wort.value);
}
</script>

</head>
<body bgcolor="silver"><form name="form1">
<table border="0" cellpadding="5" cellspacing="0" align="center">
<tr><td>
  Wort: <input type="text" value="Hippie" name="wort"
         size="20"  onchange = "Rechnen();">   
  Anzahl der Vokale: <input type="text" value="3"
         name="anz" size="2">   
  <input type="button" value="Ausrechnen" onclick="Rechnen();">
 </td></tr></table></form></body></html>
```

Aufgabe 2:

```
function fak(n)
{
  if(n < 0) return -1;
  else if (n == 0 || n == 1) return 1;
  else return n*fak(n - 1);
}
```

Aufgabe 3:

```
function Quersumme(n)
{
  if(n == n%10) return n;
  else return n%10 + Quersumme((n - n%10)/10);
}
```

Stichwortverzeichnis